우리가 몰랐던
영재 이야기

우리가 몰랐던

영재 이야기

빛나는 줄도 모르고
빛을 내는 너희들에게

우희진 지음

홍익출판사

contents

프롤로그_ 영재는 누구일까요? • 008

PART. 1 영재와 영재성에 대해

CHAPTER. 01 영재에 대해 오해하고 있는 것 • 015

오해 1. 영재는 천재다 • 015

오해 2. 영재는 모든 방면에서 뛰어나다 • 020

오해 3. 영재는 도움 없이도 알아서 잘한다 • 025

오해 4. 영재는 사회에서 이미 혜택을 받고 있다 • 033

오해 5. 영재 집단은 한 종류의 단일한 집단이다 • 036

오해 6. 성공하지 않았다면 영재성은 의미가 없다 • 042

CHAPTER. 02 영재성에 대한 생각의 변화 • 048

1. 블로그에서 유튜브까지 – 현대의 다양한 영재상 • 048

2. IQ 검사, 어떻게 사용되어 왔을까 – 지능검사의 변천 • 050

3. IQ가 높은 사람은 어떻게 살았을까 – 터먼의 종단연구 • 053

4. 영재에 대한 새로운 정의 – 렌줄리의 세 고리 모형 • 057

5. 지능은 하나가 아니다 – 가드너의 다중지능이론 • 060

6. 전 세계적 IQ 평균의 증가 – 플린 효과 • 065

PART. 2　영재성은 양날의 검

CHAPTER. 01　걔가 무슨 영재야? • 071

1. 걔는 뭘 잘하지도 않잖아 – 미성취 • 071

2. 걔는 너무 까칠해 – 예민함 • 088

3. 걔가? 잘 모르겠는데 – 능력 숨기기 • 096

4. 걔는 게을러 – 미루기와 완벽주의 • 105

5. 걔는 친구가 없어 – 고립감 • 129

6. 걔는 태도가 별로야 – 문제행동 • 138

CHAPTER. 02　혹시 영재일까? • 155

1. 포기하지 않는 끈기 – 과제집착력 • 156

2. 남들과는 다른 걸 보는 눈 – 창의성 • 165

3. 코미디언은 사실 똑똑하다? – 유머 • 173

4. 옳고 그름에 민감한 양심 – 도덕성 • 182

5. 감정을 읽는 능력 – 정서지능 • 191

6. 빠른 사고 신중한 선택 – 사고력 • 199

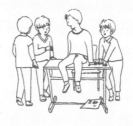

PART. 3 영재인 걸 아는 게 중요해?

CHAPTER. 01 그들이 빛을 잃는 이유 • 212

    1. 잘 모른다 – 영재교육 소외계층 • 212

    2. 선발되지 못했다 – 선발 과정의 허점 • 217

    3. 중도 포기 – 영재교육의 한계 • 223

    4. 영재 = 스펙 – 영재교육의 수단화 • 228

CHAPTER. 02 빛나는 자신을 먼저 알아야 한다 • 233

    1. 기꺼이 알아봐주기 • 233

    2. 가장 경제적이고 효과적인 영재교육 • 241

참고 서적 및 논문 • 247

영재는 누구일까요?

"난 정말 바보야. 제대로 하는 일이 하나도 없어. 사람들이랑 만나고 헤어지는 것도 지겨워. 내 소개를 반복하는 것도 지겹고. 그건 내가 차가운 게 아니라 비꼬는 내 유머라고. 네 말은 틀렸어."

　이게 제가 지내는 기숙사의 학생 대표와 나눈 마지막 대화였습니다. 기숙사 식당에서 환영사를 하는 이 아이를 처음 보았습니다. 큰 키에 말끔한 정장 차림, 자신감 있는 표정, 큰 목소리와 제스처. 모두가 이 아이의 말을 경청하는 그때, 저는 이 아이가 눈동자를 쉴 새 없이 움직이고 두 손을 수시로 모았다 폈다를 반복하는 모습에 주목했습니다. 그리고 미세하게 떨리는 목소리에서 이 아이가 극도로 긴장했음을 느꼈습니다.

'예민하다. 그렇다면… 아마도….'

영재교육을 전공하면서 생긴 습관이 있습니다. 사람들을 만날 때, 사람들의 예민함에 관심을 가집니다. 인사할 때 눈을 피하는지, 수줍어하는지, 동작이 산만한지, 목소리가 지나치게 크거나 작지 않은지를 면밀히 살핍니다. 그리고 예민함이 조금이라도 보인다면, 제 멋대로 그 사람을 '잠재적 영재'로 규정해버립니다.

영재란 누구일까요? 우리나라 영재교육 진흥법의 정의에 따르면, 영재는 '재능이 뛰어난 사람으로서 타고난 잠재력을 계발하기 위하여 특별한 교육이 필요한 사람'을 말합니다. 그렇다면 재능이 얼마나 뛰어나야 영재일까요? 미국 국제영재 아동교육연합[1]의 영재 정의에 따르면, 영재는 사고능력, 습득능력이 뛰어나거나 한 개, 또는 한 개 이상의 영역에서 증명할 수 있는 상위 10%의 수행이나 성취를 보이는 사람입니다.

호주 수도특별자치구Australian Capital Territory, ACT에 있는 교육부의 정의에 따르면 영재성이란 한 영역 또는 하나 이상의 영역에서 뛰어남을 보이는 학생의 타고난 우수한 재능 또는 적성으로, 이러한 영재성이 있는 학생들은 또래 학생 그룹에서 상위 10% 정도에 해당한다고 합니다.

미국, 호주의 정의에 따라 만약 능력 상위 10%인 사람이 영재라면 11%인 사람은 영재가 아닐까요? 상위 10%는 어떤 분야에서 10%를 의미할까요? 어떤 사람이 수학, 과학, 예술 모두 상위 1%라면 그 사람은 수학영재일까요, 과학영재일까요? 아니면 예술영재일까요?

사진 같은 기억력을 갖고 있는 사람은 영재일까요? 〈생활의 달인〉에 나올 만큼 손놀림이 빠른 사람은 영재일까요? 목숨을 다투는 전쟁터에서 노래를 잘하는 사람은 영재로 여겨질까요? 유튜브에서 구독자가 많은 사람은 영재일까요? 무엇보다도 재능을 수치화·서열화할 수 있을까요? 이것들은 제가 영재교육을 전공하면서부터 지금까지도 품은 의문입니다.

일반적으로는 영재성을 보고 그 사람이 영재인지 아닌지를 판단하지만, 저는 조금 다르게 접근합니다. 영재성은 예민함, 고립감, 과몰입, 미성취감, 능력 숨김, 완벽주의 등과 뗄 수 없이 같이 다니기 때문에 저는 사람들에게서 이러한 모습이 있는지를 먼저 확인합니다. 그리고 이를 확인한 순간 열심히 그 사람의 재능을 찾습니다.

제가 앞서 소개한 학생대표는 기타를 엄청나게 잘 쳤습니다. 처음엔 기타로 한두 곡만 칠 줄 안다더니 한번 마음먹으면 온갖 기교를 부리며 기타를 가지고 놀더군요. 무려 11년이나 넘게 기타를 쳐왔다고 합니다. 사교성이 좋아 주변에 친구도 많았고 학생 대표를 할 만큼 다른 아이들에게 리더십을 인정받았습니다. 토목공학을 전공한 이 아이는 우수한 성적으로 대학을 졸업하게 되었습니다. 그렇지만 제가 마지막으로 본 이 아이 모습은 자책하고, 불만이 많으며, 인간관계에 피곤함을 느끼는, 우리가 정의하는 '우수한' 모습은 아니었습니다.

이 아이는 영재일까요, 아닐까요? 그리고 그게 중요할까요?

PART. 1

영재와
영재성에 대해

초등학교 4학년 학급의 담임을 맡고 있던 2014년 12월 어느 날, 저에게서 뜻밖의 재능을 찾게 되었습니다. 학기말에 있었던 학부모 만족도 조사의 '선생님의 장점' 주관식 문항에 답변한 12개 응답 가운데 무려 7개 답변이 '아이들의 개별 특성을 잘 파악하고, 재능을 발견해 북돋아준다'는 내용이었습니다.

제게는 다른 사람들의 재능을 보는 재능이 있었던 것입니다. 한번은 한 학부모님으로부터 "엄마인 저보다도 우리 아이 재능을 더 잘 안다"는 메시지를 받은 적도 있습니다. 제가 별일을 한 건 아니었습니다. 그들을 면밀히 관찰하고, 그들의 사고와 행동에 의미를 부여해주었을 뿐입니다.

제가 담임을 맡았을 때, 그 반 교실에는 말싸움을 잘하는 아이가 있었습니다. 이상하리만큼 다른 아이들과 시비가 많은 이 아이는 데려와서 싸운 까닭을 물으면 늘 그럴싸한 이유를 대곤 했습니다.
"전 토마토를 싫어하는데 두 개나 줬어요."
"모두가 두 개씩 받았는데."
"알아요. 그렇지만 제가 지난번에 걔가 싫어하는 걸 한 번 빼줬단 말이에요."
"넌 왜 친구를 놀리니?"
"걔가 먼저 놀렸으니까요."
"놀린다고 해서 똑같이 놀리면 되니?"
"놀림당하는 게 어떤 기분인지 알면 그만할 것 같아서요."
말대꾸를 하는 버릇없는 아이로 생각할 수도 있었겠지만, 저는 처음부터 끝까지 이 아이를 '논리영재'로 생각했습니다. 논리영재가 뭐냐고요? 논리가 뛰어난 학생을 제멋대로 부르는 말입니다.

우리 반에는 '감정영재'인 아이도 많았습니다. 감정영재는 또 뭐냐고요? 감정이 예민해서 다른 사람들의 감정 변화를 빠르게 감지하고 반응하는 아이들을 통틀어 제가 부르는 말입니다. 이 아이들은 추위하는 짝을 위해 장갑 한 짝을 먼저 벗어주고, 넘어진 아이에게 달려가 '괜찮아?'라고 물어보며, 일기에 자신의 일과에 대한 느낌과 반성을 빼곡히 적습니다.

몇 년 후 맡았던 반에는 오목 영재들도 있었습니다. 이 아이들은 쉬는 시간마다 제게 와서 오목을 두자고 조르며, 가끔은 공부도 뒷전으로 하고 '어떻게 하면 선생님을 이길까' 궁리하곤 했습니다. 한 친구는 며칠을 제게 내리 지더니, 마침내 멋진 전술로 이긴 다음 사실은 밤새 유튜브로 전략을 익혔다고 털어놓기도 했습니다. 이 중에는 승률이 90%에 육박할 정도로 뛰어난 아이도 있었습니다.

이쯤 되면 '그게 무슨 영재야?'라고 생각하는 분도 있을지 모르겠습니다. 여러분이 생각하는 영재는 어떤 모습인가요? 이번 장에서는 우리가 지금까지 생각해온 영재의 모습과 시대나 사회에 따라 변화해온 영재의 개념에 대해 이야기해보겠습니다.

영재에 대해 오해하고 있는 것

오해 1. 영재는 천재다

저는 지금은 종영된 SBS 〈영재발굴단〉이라는 프로그램을 즐겨 봤습니다. 언젠가는 한 댓글에 '엄마랑 같이 보면 안 되는 프로 그램'이라고 쓰여 있는 걸 보고 크게 웃었습니다. 그럴 만한 것 이, 〈영재발굴단〉에서는 만 3세에 중학교 수준의 수학문제를 푸는 아이, 만 5세에 자막 없이 영어 다큐멘터리를 보는 아이, 만 7세에 사물의 소리를 듣고 음계를 맞히는 아이, 만 8세가 되 지 않았는데 4개 국어를 능숙하게 하는 아이 등 각종 분야에서 뛰어난 재능을 보이는 아이들을 소개하곤 했습니다.

저는 〈영재발굴단〉이 과거에 우리가 보았던 영재의 모습보다는 다양한 모습의 영재를 조명해준 프로그램이라고 생각합니다. 과거 텔레비전에 비춰진 영재가 단순 카드 암기, 선행 학습에 뛰어난 모습 등의 제한적인 영재성만 보였다면, 〈영재발굴단〉에서는 자동차, 비행기, 공룡, 선풍기, 한자, 로켓, 비틀스 등 여러 분야에서 일반 아동 이상의 관심과 지식수준을 보이는 아동들을 소개함으로써 기존의 영재에 대한 인식을 좀더 다양하게 전환하는 계기를 주었다는 생각이 듭니다.

그러나 우리가 주목해야 할 점은, 〈영재발굴단〉이 텔레비전 프로그램으로 일반 아동들과는 차별되는 아동들을 소개해야 하다 보니 우리 주변에서 보기 힘든, 이른바 초고도 영재라고 할 수 있는 아주 뛰어난 아동들을 자주 소개했다는 것입니다. 제가 초등학교에서 3년 반 동안 근무하면서 그 프로그램에 나올 만큼 아주 뛰어난 영재성을 보인 학생은 기억에 거의 없을 정도로 그런 아동들을 주변에서 만난다는 것은 매우 드문 일입니다. 그럼에도 '영재'라고 할 때 우리는 자연스럽게 그 정도 뛰어난 아동을 영재로 생각하는 경향이 있습니다.

영재교육 참관수업에 참여한 교사들의 영재에 대한 인식변화를 연구한 인식 변화에 대한 '전미란, 허무열의 연구'에서 영재에 대한 인식 변화를 다음과 같이 서술했습니다.[1]

"나는 영재라고 하면 아주 어린 나이에도 엄청난 수 계산을 하고 외국어 몇 개 정도를 술술 할 수 있고 과학 실험을 혼자 척척 할 수 있을 줄 알았다. 무슨 마술 같은 힘을 기대했던 것 같다. 내가 본 학생들은 그냥 좀 뛰어난 학생들이었다."*(p. 788)*

저는 이러한 인식이 꼭 매체의 영향만은 아니라고 생각합니다. 영재교육종합데이터베이스GED의 2018년 자료를 기준으로 보면 우리나라에서 영재교육의 수혜를 받는 학생들은 총학생의 2%가 채 되지 않습니다. 통계가 시작된 2003년에는 불과 0.25%만이 영재교육의 기회를 얻을 수 있었습니다. 우리가 적절한 선발 과정을 거쳐 영재로 판별된 아동들만 영재라고 본다면, 영재는 소수의 아이들만 지칭하는 말이 되며 곧 영재는 그 소수로 뽑히게 되는 아주 우수한 재능을 지닌 아동만 의미하게 되어 영재에 대한 잘못된 개념을 고착화할 수 있습니다.

영재는 매우 뛰어난, 최소 상위 2% 내외의 학생을 의미한다는 오해는 사실 우리나라에만 있는 것은 아닙니다. 컬럼비아 대학교 교육대학 볼랜드[2]는 미국 내에서 영재에 대해 논할 때, 공공연하게 최소 상위 3%에서 5%만을 영재로 간주한다고 지적합니다.

그는 이러한 좁은 영재개념이 사회경제적으로 소외된 계층의 아동들을 반영하지 못하며 인종, 언어 등 다양성을 고려하지 못한다고 주장했습니다. 다시 우리나라 이야기로 돌아와서, 영재교육을 받지 못하는 2% 외의 아이들은 영재가 아닐까요? 잠재능력이 있지만 영재 선발 과정을 알지 못했거나 재능은 있지만 더 탁월한 재능을 보인 다른 아동에게 기회가 갔을 경우, 그런 아이들은 영재가 아닐까요?

한 교실의 30명 중 2%면 사실 1명도 되지 않습니다. 한 학급에 30명씩 5개 학급에서 2%면 3명입니다. 저는 앞서 소개했듯이 아이가 재능을 조금이라도 보이면 제멋대로 영재로 간주하기 때문에, 한 반에서 가끔은 반 정도를 영재로 생각하곤 합니다.

그 아이들 모두가 영재교육을 받지 않거나 못 받는 것일 뿐 영재교육 대상자로 선발되지 않았다고 해서 영재가 아니라는 법은 없습니다.

매우 뛰어난 학생들 외에도 영재교육진흥법의 정의에 따라 단순히 '재능이 뛰어난' 학생을 영재로 본다면 대체 얼마나 뛰어난 학생을 영재로 봐야 할까요? 숫자로 퍼센트를 말하거나, 뛰어난 정도를 구체적으로 기술할 수는 없지만 한 가지는 확실히 이야기할 수 있습니다. 영재성에 대한 정의가 재능이 월등히 뛰어난 극히 소수의 영재들만 포함한다면, 우리가 많은 영재를 놓치게 된다는 사실을 말이지요. '세 고리 모형'으로 잘 알려진 조셉 렌줄리[3] 또한 이와 같은 것을 지적합니다.

"지능검사 상위 1%에 해당하는 사람을 영재로 보는 터먼의 정의는 오로지 학업재능이 있는 영재들만을 포함할 뿐만 아니라 창의성, 예술, 리더십 등의 재능을 지닌 영재들을 포함시키지 못하며 영재 프로그램의 수혜를 받지 못하는 계층을 차별한다."(p.68)

이러한 의미에서 영재교육진흥법에서 구체적인 수치를 제시하지 않고, 영재를 '뛰어난 재능을 가진 사람'으로 정의한 것은 올바르다고 생각합니다. 영재교육진흥법은 '재능이 뛰어난 사람을 조기에 발굴하여 능력과 소질에 맞는 교육을 실시함으로써 개인의 타고난 잠재력을 계발하고 개인의 자아실현을 도모하며 국가와 사회의 발전에 이바지하게 함을 목적으로 한다'고 그 목적을 밝히고 있습니다. 우리가 만약 영재를 '텔레비전에 소개될 만한 천재적인 재능을 갖고 있는 사람'으로만 생각한다면 우리 주변의 '타고난 잠재력'을 갖춘 수많은 사람은 그 능력을 계발할 기회를 얻지 못하며, 자아실현과 국가발전 기회도 갖지 못하게 됩니다.

만약 지금까지 영재를 4개 국어를 능숙하게 하고, 암산과 어려운 계산을 척척 해내며, 절대음감을 갖고 있을 것 같은, 그런 사람들로만 생각했다면 그것보다는 조금 느슨하게 생각해보는 건 어떨까요? 여전히 영재는 뛰어난 재능을 가진 사람을 의미하지만, 꼭 그렇게까지 뛰어나야만 영재인 것은 아니니까요. 이 글을 읽고 있는 여러분도, 여러분 가족도, 또는 동네 친구나 직장동료 모두 잠재적으로 영재일지도 모릅니다. 이 글을 쓰고 있는 저도 말이지요.

오해 2. 영재는 모든 방면에서 뛰어나다

학교에는 이른바 '엄친아' 또는 '엄친딸'이라고 불리는 아이들이 있습니다. 엄마친구아들 또는 엄마친구딸의 줄임말로 이들은 우리가 가지지 못한 재능을 많이 갖고 있으며 인성마저도 훌륭해 나무랄 데가 없습니다. 이런 아이들은 분명 있습니다. 다만 그 수가 드물 뿐이지요. 그럼에도 우리는 종종 '영재'를 떠올릴 때 '모든 방면에서 뛰어난 사람'을 생각합니다. 앞서 소개한 '전미란, 허무열의 연구'에서 한 교사는 이렇게 털어놓습니다.

"영재 학생에 대한 환상이 있었던 것 같다. 나는 영재 학생을 한 명도 본 적이 없다고 생각했었다. 하지만 영재 학생들을 직접 보고 나니 그런 게 아니라는 걸 알았다. 영재라고 해서 무엇이든지 잘하고 엄청 특이하고 엄청 집중하고 그런 건 아닌 것 같다. 물론 어떤 분야는 잘하고 특별한 면이 있지만 그렇다고 해서 언제나 그럴 것이라고 생각하면 안 된다는 것을 깨달았다. 영재 학생도 일반 학생과 같이 어차피 그 또래 아이들이다. 오히려 사회성 면에서는 떨어지는 면도 있다."*(p. 791)*

영재성 또는 영재와 관련하여 우리가 종종 잘못 생각하거나 행동하는 것들은 다음과 같습니다.

- 한 가지 방면에 뛰어난 영재가 다른 것도 잘할 것이라고 기대한다.
- 영재들은 성적이 뛰어나다.
- 탁월한 영재들은 아무 문제가 없다.

영재의 특성을 설명하는 말 중에는 '비동시적 발달Asynchronous Development'이라는 용어가 있습니다. 풀어 말하면 영재성이 고르게 발달하지 못해 각각의 영재성이 발달하는 정도, 속도 등이 영재별로 다름을 의미합니다. 쉽게 말해 앞서 소개한 중학생 수준의 수학 문제를 푸는 만 세 살 아이가 중학생 수준의 신체 능력을 갖지는 못하는 것과 같은 맥락입니다. 학교에서 제가 영재라고 생각하는 아동들의 학부모님들과 상담하게 되면 공통적으로 하는 말씀이 있습니다.

"우리 아이가 이거는 잘하는데, 다른 건 그만큼 하지를 못해서…."

자녀가 많은 분야에서 뛰어나기를 바라는 부모님 마음은 잘 알겠지만, 영재 아동들이 반드시 모든 분야에 뛰어나지 않은 것은 너무나도 당연한 이야기입니다. 영재의 고르지 못한 능력 발달, 즉 비동시적 발달은 일반 아동보다 영재 내에서 더 심하다고 합니다.[4] 영재 개인의 능력 편차가 심하기 때문에 어쩌면 뛰어난 능력만큼이나 상대적으로 부족한 능력이 더 도드라져 보이는 것일 수도 있습니다. 특히 영재 중에는 영재성이 있는 분야 외에 다른 분야 능력이 오히려 또래와 비교했을 때 평균 이하의 발달을 보이는 아이들도 있습니다.

예를 들면, 언어에 탁월한 재능을 보이는 아동이 또래가 풀 수 있는 수학 문제를 이해하고 푸는 데에 고전한다든지, 한 번 들은 멜로디는 절대 잊지 않는 음악 재능을 가진 아이가 몇 달 동안 교실에서 같이 생활한 친구들 이름을 기억하기 어려워하는 경우 등에 해당합니다. 상대적으로 떨어지는 능력에만 집중하는 것은 종종 영재의 재능까지도 감추게 하며 결국 영재의 가족과 영재 자신도 영재성을 인정하지 않거나 부인하는 결과를 초래하기도 합니다.

영재와 관련된 다른 오해는 '영재들은 학업 성적이 우수하다'는 것입니다. 최근에는 매체나 시대, 사회의 변화 때문에 많은 분이 '영재라고 해서 모두 학업 성적이 우수한 건 아니다'라는 사실을 인지하는 것 같기는 합니다. 사실 잘못된 것은

'영재들은 학업 성적이 우수하다'는 오해만큼이나 '영재의 학업 성적은 우수해야 한다'는 잘못된 기대입니다.

저는 이러한 기대가 앞서 말씀드린 제한적인 영재교육 기회에서 비롯했다고 생각합니다.

서울시 교육청의 경우 영재 선발에서 교사 관찰·추천제가 필수이며,[5] 이는 전국적으로 영재 선발에서 널리 쓰이고 있습니다. 이러한 변화가 잠재력이 있지만 여러 가지 제약으로 기존에 판별되지 못한 영재들을 발굴하고 사교육 문제를 해결할 것으로 기대했지만, 실제 추천 과정에서 교사들이 여전히 '좋은 성적을 받는' 또는 '모범적인' 학생들을 우선하는 경향이 있는 것으로 나타났습니다.[6] 교사들도 이유는 있습니다. 제한된 교육 기회 아래 최대한 객관적인 지표로 추천하지 않을 경우 학부모 반발이 만만치 않기 때문입니다. 결국 '영재의 성적은 우수하다'기보다는 '성적이 우수한 학생이 영재교육 대상자로 자주 선발된다'고 보는 게 맞다고 봅니다. 선발된 아동들이 영재가 아니라는 것이 아닙니다. 성적은 좋지 않지만 잠재능력이 있는 아동들이 영재로 간주되지 않는 경향이 많다는 것입니다. 이러한 상황이 영재의 학업 성취에 대한 오해들을 가중한다고 생각합니다.

그렇다면 성적이 우수하거나 자신의 분야에서 높은 성취를 보이는 영재들은 아무 문제가 없을까요? 퍼듀 대학교 교육학과의 시드니 문[7]은 우리가 높은 성취를 보이는 학생들은 아무 문제나 어려움이 없을 것이라고 자주 오해하며, 그 이유는 영재들의 성취가 그들의 문제나 어려움을 가리기 때문이라고 주장합니다. 문에 따르면, 초등학교 시절의 발달과업 중 하나는 성실성industriousness인데, 초등 영재가 학교에서 배우는 내용이 너무 쉽고 별 노력 없이도 이해할 만한 것으로 인지할 경우 노력과 성취 사이의 상관관계를 잘 찾지 못하게 될 수도 있습니다. 다시 말해, 초등학교 시절 별 노력 없이 수업 내용을 이해하면 열심히 공부하지 않아도 좋은 성적을 얻을 수 있다는 잘못된 생각이 고착될 수 있으며, 이것이 학습 습관으로 이어지지 않아 이후 학업량이 많아야만 따라갈 수 있는 중·고등학교 과정에서 어려움을 겪을 수도 있다는 것입니다.

호주의 IQ160 이상 초고도 영재 15명을 추적 연구한 그로스[8]에 따르면, 자기 분야에서 뛰어난 성취를 보인 영재들조차 자신의 잠재능력에 비해 제한된 기회를 얻었던 때를 회고했으며, 자신의 영재성을 학교에서 인정받지 못했음을 토로하기도 했습니다. 뛰어난 성취를 해내는 영재들도 수준에 맞지 않는 교육 환경, 여러 상황에 따라 미성취감을 느끼기도 하며, 그에 따라 그들의 뛰어난 성취가 지속되지 않기도 합니다.

우리가 지금까지 주변의 영재들을 '다 잘하지 않기 때문에' '성적이 좋지 않기 때문에'라는 잣대로 영재라고 생각하지 않은 건 아닐까요? 아니면 '다 잘하기 때문에' '성적이 좋기 때문에'라는 이유로 그들의 어려움조차 생각하지 못한 것은 아닐까요? 우리가 아는 진리 한 가지가 있습니다. 이 세상에 완벽한 사람은 없다는 것입니다. 이는 영재에게도 해당되는 말일 것입니다.

오해 3. 영재는 도움 없이도 알아서 잘한다

앞서 살핀 '영재는 천재다' 또는 '영재는 모든 방면에서 뛰어나다'는 편견은 '영재는 도움 없이도 알아서 잘한다'는 오해로 이어지곤 합니다. 다 잘하는데 도움이 필요할 리가 없다는 것이지요. 미국 테네시주 예비교사 285명을 대상으로 한 설문조사에서 무려 76%가 '영재들은 도움 없이도 수월하게 잘해낼 것이다'라고 응답했습니다.[9] 계속해서 소개하는 '전미란, 허무열의 연구'에서 한 교사는 이렇게 고백합니다.

> "내가 생각했던 영재는 무엇이든지 잘하고 호기심 충만하고 아는 것도 많고 혼자서 알아서 척척 하는 그런 아이였다. 그런데 정작 수업에 들어가서 보니 선생님의 지시를 잘 알아먹지도 못하고 일반 교실에서 보는 아이들과 별로 다를 바가 없었다. 내가 너무 기대가 컸었다는 것을 알게 되었다."(p. 799)

가네의 차별화모형

잠재능력Giftedness / 상위 10%

타고난 능력Natual Abilities | 분야Domains

- 지적Intellectual
  일반 지능, 유창한 추론 능력, 언어, 공간 기억 능력, 예민한 관찰 및 판단 능력, 메타 인지 등
- 창의적Creative
  문제해결력, 상상력, 독창성(예술), 뛰어난 기억탐색능력 등

- 사회정서적Socio-affective
  총명함(분별력), 소통능력(공감, 센스), 영향력(리더십, 설득력) 등
- 운동 감각Sensory Moto
  감각: 시각, 청각, 후각 등
  운동: 힘, 지구력, 반사신경, 조정력 등

운 Chance

능력계발과정 Developmental Process
정규과정 또는 비정규과정을 통한 학습 및 연습

촉매제 Catalysts

개인 요소Intrapersonal

- 신체적/정신적 특징 Physical/Mental Characteristics
  외모, 장애, 건강 / 기질, 성격특성, 안녕감
- 자기관리Self-management
  ···› 정서적 성숙도
  자신과 타인에 대한 인식도: 강점과 약점, 감정 등
  동기/의지: 욕구, 관심, 열정, 가치 등 / 자원 분배, 적응 전략, 노력 등

환경 요소Environmental

- 주변 환경Milieu
  신체적, 문화적, 사회적, 가정 환경 등
- 주변 사람Persons
  부모, 선생님, 또래, 멘토 등
- 주어지는 교육Provisions
  교육 프로그램, 활동, 서비스 등
- 사건Events
  우연한 일, 상을 받음, 사고 등

발현된 능력Talent / 상위 10%

체계적으로 계발된 능력Systematically Developed Skills | 전문 분야Fields

- 학문Academics
  언어, 과학, 인문학 등
- 예술Arts
  시각예술, 드라마, 음악 등
- 사업Business
  판매, 창업, 경영 등

- 여가 활동Leisure
  체스, 비디오게임, 퍼즐
- 사회 활동Social Action
  방송매체, 관공서 등
- 스포츠Sports
  개인 또는 팀 스포츠

- 기술Technology
  숙련기술, 전기, 컴퓨터 등

* 《The DMGT: Changes within, beneath, and beyond》, 6쪽, 2005년 버전을 번역함

가네[10]의 차별화모형Differentiating Model of Giftedness and Talent, DMGT 에 따르면 영재성Giftedness과 발현된 능력인 재능Talent은 그 의 미가 다릅니다. 영재성은 두드러진 잠재능력으로 타고난 능 력을 의미합니다. 가네는 지적 능력, 창의성, 사회정서적 능력, 감각운동능력 등에서 상위 10%의 잠재능력을 갖춘 것을 영재 성으로 정의했습니다. 반면 재능은 잠재능력이 발현된 뛰어난 성취를 의미하며, 개인이 학업, 예술, 사업, 레저, 스포츠, 기술 분야 등에서 상위 10% 정도의 성취를 나타낼 때 재능을 갖추 고 있다고 봅니다.

이러한 잠재능력이 성취로 발현되기 위해서는 능력을 계발 하는 과정이 필요한데, 이 과정에서 영재는 환경의 영향을 받 습니다. 환경에는 가정, 사회, 문화와 같은 주변 환경과 부모, 선생님, 또래, 멘토 등과 같은 주변 사람들 그리고 교육 프로 그램, 활동, 서비스 등과 같은 교육적 제공 및 성취에 대한 상 을 받는 것, 각종 사고 등과 같이 맞닥뜨리는 사건 등이 있습니 다. 즉, 잠재능력은 아무 노력이나 교육적 제공 없이 저절로 성 취로 이어지지 않으며 반드시 개인 주변의 영향을 받게 됩니다.

이러한 영향은 긍정적일 수도, 부정적일 수도 있습니다. 재 능 계발에 지원적인 분위기에서 자란 영재들은 그렇지 못한 영재들보다 훨씬 수월하게 영재성을 계발하여 성취해낼 가능 성이 더 높은 것은 어쩌면 당연한 이야기일지도 모릅니다.

제 석사논문의 연구 주제는 '성인 영재와 일반인의 창의성, 과제집착력, 미성취감 및 행복도 비교'였습니다. 학생 영재의 경우 학교 성적, 포트폴리오, 지능검사 및 창의성 검사 결과 등 영재로 판별하기 위한 여러 가지 참고자료가 있지만, 성인 영재의 경우 '뛰어난 성취'를 분야별로 정의하기 어려우므로 편의상 표준화된 레이븐 매트릭스Raven's Matrices검사 또는 도형 추리 테스트Figure Reasoning Test, FRT 결과 상위 2%로 판별된 국제 멘사Mensa 회원들을 성인 영재로 간주하고 온라인 설문조사를 했습니다. 설문 마지막에 자유롭게 영재교육에 대한 의견을 쓸 수 있는 선택형 서술문항을 남겼는데, 각국의 많은 참가자가 여러 가지 흥미로운 의견을 공유했습니다. 그중에서도 어린 시절 영재성을 키우는 데에 도움을 받지 못했음을 호소하며, 영재교육을 받았더라면 좋았을 것이라고 회고하는 답변이 꽤 많았습니다.

저는 영재교육을 받아본 적이 한 번도 없으며 학교에서 좋은 성적을 받은 적 또한 없고 성적은 그저 패스를 하는 정도였습니다. 저는 고등교육을 받기는 했지만 늘 야망이 있는 아이들만 잘하도록 지지를 받았습니다. 제 생각에 이른 영재교육은 영재들이 자신의 강점에 집중하는 더 나은 방법을 찾는 데에 도움이 될 것으로 생각합니다. **오스트리아 푸사흐**Fußach**에서 20대 남성**

제 재능을 계발하는 데 도움을 받아본 적이 전혀 없습니다. 그래서 제 시간과 인생이 허비되었다는 데에 대해 대단히 유감스럽게 생각합니다. 제 인생에서 길을 찾는 데에 누군가의 도움을 받았더라면 좋았을 것이라고 생각합니다. **프랑스 파리Paris에서 30대 여성**

저는 영재교육을 경험해본 적이 없지만 받았더라면 학교를 더 즐겁게 다녔을 것이라고 생각합니다. 당시에 저는 끊임없이 동기를 찾지 못했고 이것은 교실에서 다른 학생들과 덜 어울리는 것으로 이어졌습니다. 저는 지금 대학에서 저와 같이 어렵고 복잡한 것을 좋아하는 학생들과 복잡한 것들에 대해 함께 배우고 있고, 제 삶은 완전히 멋지게 변했습니다. **독일 브레멘Bremen에서 20대 남성**

노르웨이의 영재교육은 끔찍이도 잘되어 있지 않습니다. 적절한 영재교육 같은 것은 존재하지 않으며, 제가 영재교육을 받았더라면 더 훌륭한 창의성과 동기를 가질 수 있었을 것이고, 학교의 틀에 저를 제한하지 않았더라면 더 행복해졌을 것이라고 생각합니다.

노르웨이 예비크Gjøvik에서 20대 남성

저는 한 번도 영재교육을 받을 기회가 없었지만 영재교육은 영재판별시험에서 우수하거나 뛰어난 결과를 거두는 사람들을 위해 반드시 필요하다고 생각합니다. 저는 학교생활을 힘들게 했습니다. 저는 30년간 제가 바보라는 말을 들으며 자랐기에 현재 35세 평생을 스스로 바보 같다고 느끼며 살았습니다. 예를 들어 "수학책 10장을 펴서 문제 1, 2, 8번을 풀어보아라"라고 선생님께서 말씀하시면 저는 "교과서를 펴서 문제를 풀어보아라"라고 듣습니다 세부사항을 놓침. 그래서 교과서를 펴고 무엇을 해야 하냐고 물어보면 "왜 이 바보는 이걸 모르니"라는 대답을 듣습니다. 그래서 제가 결국 해당 페이지를 찾아내어 1번부터 8번까지를 다 푸는데 왜 다른 사람들이 그렇게 빨리 푸는지를 모르는 거죠 그들은 1, 2, 8번만 풀기 때문이죠. 이건 단지 한 예일 뿐이지만 당시 아이였던 저는 그게 집중이나 학습의 문제라고 생각하지 못하고 그냥 내가 바보라고 느낄 뿐이었죠. 제 아들이 영재학교에 다니고 있고 잘하고 있습니다. 제 아들은 자기가 느리거나 바보 같다고 생각하지 않죠. 영재교육은 무조건 있어야 합니다!

남아프리카공화국 요하네스버그 Johannesburg 에서 30대 남성

저는 제가 영재교육을 받았다면 좋았겠다고 생각합니다. 저는 5세가 되어 학교에 입학하기 전에 이미 글을 읽을 수 있었고, 입학 후 5년을 정말 지루하게 보냈습니다. 그것 때문에 문제가 있기도 했습니다.

영국 세븐오크스 Sevenoaks 에서 50대 여성

저는 영재교육이 아닌 일반교육을 받았습니다. 그렇지만 영재들

이 영재교육을 받아 다양한 흥미를 만족시키고 그들이 하고 싶어
하는 것들을 시도할 수 있는 기회가 제공된다면 더 좋을 것이라고
생각합니다.　　　　　　　　　　　**터키 이스탄불**Istanbul**에서 20대 여성**

저는 지능이 우수한 학생들이 기본 교육에서 적절한 지지를 받지
못하고 있다고 생각합니다. 그들 중 일부는 수업에서 지루함을 느
끼거나 인내심이 없습니다. 학교는 읽기 자료나 영재들이 끊임없
이 추구하는 더 많은 배움을 장려할 만한 지능 훈련 같은 것들을
제공해야 합니다.　　　　　　　　　　　　　**필리핀에서 20대 여성**

영재교육에 대해 잘 알지 못하지만 영재교육이 영재의 흥미와 능
력을 발현하는 데에 초점이 맞춰져야 한다고 생각합니다. 또한 영
재의 인지적 발달측면뿐만 아니라 정서적 측면도 고려되어야 합
니다.　　　　　　　　　　　　　　　**멕시코에서 30대 남성**

영재들이 자신들의 재능에 적절한 교육을 받지 못할 경우
지루함을 느끼며 결국 이것이 정서적인 문제나 미성취로 이어
질 가능성이 있습니다. 제 연구 결과 지능검사 상위 2%로 판
별된 성인 멘사회원의 미성취감과 행복도는 부적 상관관계를
보였습니다.[11] 즉, 미성취감을 느낄수록 행복하다고 느끼는 정
도가 낮은 경향을 보였습니다. 잠재력이 높은데도 불구하고

성취했다고 느끼지 못할 경우 그것이 인생의 만족감에 부정적 영향을 미칠 수 있음을 의미합니다.

앞서 살펴본 바와 같이 영재가 능력을 발휘하기 위해서는 일반인과 마찬가지로 능력에 맞는 도움이 필요하며 수준에 맞는 적절한 도전 과제가 주어져야 합니다. 그렇지 않을 경우에는 영재들이 흥미를 잃고 미성취를 하게 될 가능성이 커집니다. 영재의 미성취는 그들의 낮은 자존감, 소외감, 우울감 등의 정서적 문제와 연관되어 있는데,[12] 영재들은 특히 자신의 약점을 보이지 않으려는 성향이 강해 이러한 어려움을 숨기는 경향이 있어 우리가 알아채기가 어려운 경우가 많습니다.[13]

혹시 부모인 경우, 지금까지 자녀의 재능에 별다른 관심도 갖지 않고 양분도 주지 않으면서 '뛰어난 사람이라면 자기가 다 알아서 하는 거야'라고 생각하진 않았나요? 아니면 '뛰어난 아이들은 학교에서 책임지는 거야'라고 가정의 책임을 학교에 전가하진 않았나요? 혹은 학교에서 '뛰어난 아이들은 가정에서 일단 만들어서 보내는 거야'라며 아이들의 재능을 발견하고 북돋아주는 역할을 소홀하게 하진 않았나요?

학업, 예술, 스포츠 등 다양한 분야에서 뛰어난 성취를 보인 사람들의 공통점이 있어요. 그들의 인생에서 최소 한 번은 그들의 잠재력을 발견해주고, 영재 스스로 자신의 잠재력을 깨닫게 하며, 영재성 계발에 부단히 도움을 준 조력자가 있었다는 사실입니다. 다른 사람들과 마찬가지로 영재에게도 도움이 필요하며, 우리의 오해가 그들에 대한 지지로 바뀔 때 우리 또한 그들의 성취를 돕는 든든한 지원군이 될 수 있습니다.

오해 4. 영재는 사회에서 이미 혜택을 받고 있다

호주 수도특별자치구 교육부, 미국 국제영재아동교육연합에서는 우리가 흔히 하는 오해 중 하나가 '영재교육은 엘리트 교육'이라고 여기는 거라고 소개합니다. 즉, 영재교육은 일반교육과 다르게 특권을 가진 소수의 학생만을 위한 교육이라는 것입니다. '영재는 특권을 가진 존재'라는 인식은 앞서 소개한 셰리 K. 베인[14]의 연구에서도 나타났는데, 미국 예비교사 285명 중 64%가 영재교육이 평등을 지향하기보다는 엘리트주의에 가깝다고 응답했습니다.

또한 트록스클레어[15]가 미국의 예비교사 45명을 대상으로 한 설문조사에서 '영재는 학교에서 이미 혜택을 받고 있다' '일반 학생들이 우리 사회를 이루는 주 자원이기 때문에 일반 학생들에게 더 초점을 맞추어야 한다' '우리는 영재들을 돕는 것보다 장애 아동을 돕는 것에 더 책임이 있다'는 세 문항의 평균이 5점 만점(매우 그렇다)에 4.7 이상이었습니다. 이러한 관점은 앞서 소개한 전미란, 허무열[16]의 연구에 참여한 교사의 관점에서도 확연히 드러납니다.

"그전에는 영재라고 하면 부모를 잘 만나고 공부도 잘하니까 특별히 관심 가질 필요도 없을 것이라고 생각했다. 왜냐하면 학교에는 정말 신경 써주어야 할 아이들이 참 많기 때문이다."(p. 798)

저는 영재교육을 강조하는 것이 장애 아동을 위한 특수교육이나 일반교육과 상충되는 배타적인 것으로 보이지 않았으면 하는 바람이 있습니다. 즉, 영재교육의 필요성을 역설하는 것이 마치 다른 교육은 중요하지 않다는 것처럼 여겨지지 않았으면 한다는 말입니다. 저는 영재교육만큼이나 장애 아동을 위한 특수교육, 그 외에 전체 일반교육 모두 중요하다고 생각하지만, 영재교육이 제 분야이기 때문에 필요성을 좀더 강조하는 것입니다. 이는 다른 분야도 마찬가지일 것이라고 생각합니다. 예를 들어 예체능교육의 중요성을 한 전문가가 강조한다면, 그게 다른 주지 교과 교육이 필요하지 않다고 주장하는 것은 아닐 것입니다.

그렇다면 영재들은 우리 중 일부가 생각하는 것처럼 정말로 특권을 누리며 혜택을 받고 있을까요? 앞서 초고도 영재 추적 연구로 잘 알려진 호주 뉴사우스웨일스 대학교 명예교수 그로스[17]는 호주의 영재교육을 '평등 속의 불평등Inequity in equity'이라는 말로 설명하며, 호주 사회에 팽배한 평등주의egalitarianism 때문에 영재교육이 적극적으로 장려되지 않는다고 주장합니다. 이러한 사회 분위기 속에서 호주에서는 '큰 양귀비 증후군tall poppy syndrome'이라는 말이 흔히 쓰는데, 이는 재능이 특출할 경우 사회에서 그것을 크기에 맞게 자르는, 즉 재능을 평준화하는 것을 의미합니다.[18] 뛰어난 성취를 한 사람들을 지나치게 비판하거나 시기·질투하며 성취를 깎아내리는 것도 이에 해당합니다.

우리나라는 어떨까요? 영재들이 사회적으로 혜택을 받고 있을까요? 2000년 영재교육진흥법이 제정된 이후 꾸준히 팽창해오던 영재교육은 2013년을 정점으로 대상자 수, 기관, 담당교원 수, 재정이 2018년까지 하락세를 보이고 있습니다. 영재 대상자 수도 줄었지만 학령 인구 또한 꾸준히 줄어 대상자 비율은 2013년부터 전체 학생의 1.8% 정도로 유지되고 있습니다. 영재교육 대상자 수가 12.5% 감소한 반면 영재교육 기관 수는 2013년 3,011개에서 2018년에는 2,449개로 줄어 18.6% 감소 감소폭이 더 큰데, 이는 영재기관당 학생 수의 증가를 의미합니다. 더욱 심각한 것은 재정의 감소입니다. 경기도교육청의 경우 2013년 영재교육활성화에 쓰인 예산이 116억 2,280만 원이었는데 2017년에는 26억 6,030만 원으로 무려

77.1% 감소한 것으로 나타났습니다. 영재 대상자 수의 감소보다 영재교육기관, 재정 감소의 폭이 훨씬 큰 것은 영재교육의 질 저하로 이어질 가능성이 매우 크며, 결국 이러한 피해는 고스란히 영재교육을 받는 학생들에게 돌아가게 됩니다.

앞서 오해 3에서 살펴보았듯이 영재들은 다른 아이들과 마찬가지로 재능을 발현하려면 도움이 필요합니다. 영재들의 능력에 맞는 영재교육이 필요함에도 그들이 이미 사회에서 혜택을 받고 있다는 편견으로 영재교육에 대한 관심과 지원은 줄어들고 있는 실정입니다. 교육기본법 제1장 총칙 제3조학습권는 "모든 국민은 평생에 걸쳐 학습하고, 능력과 적성에 따라 교육받을 권리를 가진다"라고 기술하고 있습니다. 우리 모두가 적성과 재능에 맞는 교육을 받기를 희망하며, 영재 또한 특권을 누리고 있다는 오해 없이 가정과 학교, 사회에서 그들의 능력과 적성에 맞는 적절한 교육을 받을 수 있기를 바랍니다.

오해 5. 영재 집단은 한 종류의 단일한 집단이다

〈영재발굴단〉에서 레슬링에 뛰어난 소질이 있는 한 아이를 소개하는 장면을 본 적이 있습니다. 경상남도의 작은 마을에서 할아버지와 단둘이 사는 이 아이는 마을에 레슬링 초등학생부가 없어서 차로 30분 걸리는 중학교의 레슬링부 학생들과 함께 악착같이 훈련을 소화하고 있었습니다. 어려운 상황 속에서도 묵묵히 할 일을 하는 빛나는 투지와 타고난 운동감각이 어우러져, 이 아이는 같은 체급의 전국대회에서 우승하는 재능을 발휘하였습니다. 그러나 이 아이는 뛰어난 성취에도 부모의 부재와 조부의 질환으로 매일 끼니 걱정을 해야 하며, 대도시에서 먼 지역에 살다 보니 자신의 연령, 체급에 맞지 않는 학생들과 훈련해야 하는 등 어려움과 끊임없이 싸워야 했습니다.

한국영재교육종합데이터베이스GED의 2018년 통계에 따르면 영재교육 분야는 수학·과학 통합이 약 50%, 수학이 11%, 과학이 약 14%로 우리나라에서 제공되는 영재교육의 75%가 수학 또는 과학 관련 과목으로 되어 있습니다. 이들 분야의 특징을 살피면, 다른 분야의 영재, 예를 들어 예술, 언어를 포함한 인문사회영재를 선발하는 것보다는 기준이 더 분명하여 선발 과정에서 시비가 덜할 것으로 보입니다.

특별히 수학, 과학에 영재교육이 편중되어 있는 이유가 과열된 영재교육 수요에 따른 선발과정의 투명성 요구 때문인지, 아니면 유독 수학, 과학을 강조하는 사회풍토 때문인지는 확신할 수 없습니다. 어쨌거나 우리나라에서 영재는 수학, 과학 분야에 뛰어난 학생들로만 인식되고 지원 또한 그 학생들에게 집중되는 경향이 있습니다.

또한 영재라는 말 자체가 재능이 뛰어난 사람을 의미하기에 우리는 종종 영재들은 모든 방면에서 뛰어나며, 부유한 가정 환경에서 어려움 없이 자랐을 것 같고, 교우관계도 훌륭할 것이라는, 영재에 대한 단편적인 상을 그려내는 경우가 많습니다. 실제로 많은 국내 연구는 영재들이 일반 아동들보다 더 행복감을 느끼거나,[19] 교우관계에 더 만족을 느끼며,[20] 더 높은 자기효능감을 보인다[21]고 보고하고 있습니다.

저는 앞선 연구 결과들의 원인을 두 가지로 봅니다. 첫째로, 해당 연구들의 영재들은 초등 영재이며, 초등학생 시절에는 그들의 예민함, 완벽주의 성향들에서 비롯한 각종 정서, 행동적 문제들이 아직 크게 발현되지 않는 상태일 수 있습니다. 한 예로, 영재의 긍정적 측면을 강조한 앞선 연구들과 달리 미국의 중·고등 영재와 일반 학생 216명을 대상으로 한 연구에 따르면, 영재들은 일반 아동보다 더 높은 과흥분성overexcitabilties을 보였으며, 불면증을 보이는 경향이 더 크고, 답이 없는 문제the unknown에 대한 두려움이 더 큰 것으로 나타났습니다.[22] 국내 초등학교, 중학교 영재를 대상으로 한 연구에 따르면 초등학교 5, 6학년 영재보다 중학교 1, 2학년 영재가 건강염려증, 우울증, 히스테리, 반사회성, 강박증 등에서 높은 평균을 보였습니다.[23]

둘째로, 연구 대상자가 '영재교육 대상자'라는 점입니다. 앞서 오해 1에서 살폈듯 영재교육 대상자가 2%로 제한되다보니 학업 성취가 뛰어나고 교우관계가 우수하며 학급 내에서 모범이 되는 아동이 주로 대상자로 추천되었을 가능성이 큽니다. 다시 말해, 이미 많은 사람에게 호감을 얻고 해당 분야에 재능이 있는 아이들이 영재교육 대상자의 상당수를 차지하며, 문제행동이 있거나 각종 정서적 어려움이 드러나는 영재 아동들은 영재교육 대상자에 포함되지 않았거나 탈락했을 가능성이 있습니다. 또한 경제적·사회적으로 소외된 영재들은 영재교육 기회가 있다는 것 자체를 몰라 지원할 기회를 놓쳤을 수도 있습니다.

영재는 일반 아동과 구분되는 특징이 있고, 그 영재그룹 안에도 다양한 종류의 영재가 존재합니다. 예를 들어 앞서 소개한 체육영재와 같이 분야별로 수학, 과학, 예술, 인문사회, 체육, 정보 영재 등 다양한 분야의 영재가 있고, 성장배경에 따라 경제소외계층 영재, 다문화 영재 등이 존재하며, 성취도에 따라 성취영재와 미성취영재로 나뉘기도 합니다. 또한 장애와 영재성을 동시에 갖고 있는 이중 영재twice-exceptional도 있습니다.

이밖에도 위에서 언급한 대로 타고난 성격과 영재성으로 사회성이 좋은 영재도 있고 그렇지 못한 영재도 있습니다. 경제사회적으로 소외된 배경에 있는 영재들은 그렇지 않은 영재보다 영재교육을 받을 가능성이 현저히 낮습니다.[24] 이들은 현재의 경제적 사정을 해결하는 데에 급급하여 장기적 교육 투자를 하지 못하거나 교육에 관심이 없는 가정에서 자라게 되어[25] 영재교육은커녕 제대로 된 일반교육 기회조차 얻지 못할 개연성이 큽니다. 소수 문화 또는 다문화 배경의 아동들은 언어, 환경 적응의 어려움으로 각종 정보에 뒤떨어져 영재교육 정보를 놓치게 되는 경우도 허다합니다.[26] 우리나라의 교육청, 대학부설 영재교육원의 경우 교육기관별로 정원의 10% 정도를 사회적 배려 대상자로 우선 선발하거나 전형료와 교육비를 면제하여 소외 영재를 배려하지만[27] 위에서 지적했듯 하루하루 생활하는 게 급급한 가정에서 이러한 정보를 알아내는 것은 학교의 추천이 있지 않고는 어렵습니다. 그마저 학교가 이러한 정보를 모르거나 추천에 관심이 없는 경우 이들이 영재교육을 받을 가능성은 더욱 줄어들게 됩니다.

미성취영재의 경우, 성취하지 않았는데 영재로 분류되는 것이 조금은 이상할 수도 있습니다. 호주 수도특별자치구 교육부는 미성취영재를 잠재능력gifts과 성취talents의 간극이 매우 큰 학생으로 정의합니다. 잠재능력은 사전 지식을 요하지 않는 시험IQ. 창의력 검사 등의 결과로 측정할 수 있으며, 성취도는 학교 시험 성적, 수상경력 등으로 나타날 수 있습니다. 우리가 흔히 말하는, 학교에서 '머리는 좋은데 공부는 못하거나 하기 싫어하는 학생'이 미성취영재로 간주됩니다. 미성취영재의 특징, 미성취 원인 등은 PART. 2에서 좀더 자세히 설명하겠습니다.

장애 영재는 장애와 영재성을 동시에 지녀 이중 영재라고 불리기도 하며, 자폐성과 놀라운 암기력을 동시에 지녔던 영화 〈레인맨〉의 주인공 레이먼드더스틴 호프만 연기가 이에 해당합니다. 재능이 뛰어난데도 이들의 영재성은 장애에 가려 판별되지 못하는 경우가 많고[28] 앞서 살폈던 '영재는 모든 방면에서 뛰어나다' '영재는 도움이 필요하지 않다'는 오해와 늘 싸워야 합니다. 이들이 겪는 장애는 자폐증, 주의력결핍과잉행동장애 ADHD, 학습 장애 및 신체 장애를 포함하며 장애와 성취의 정도가 개인별로 서로 다릅니다.

길먼의 논문[29]에서 소개된 한 학생은 웩슬러 테스트Wechsler Adult Intelligence Scale 언어 이해 능력에서는 상위 1%의 능력을 보였으나, 처리 속도processing speed가 하위 9%로 평균 이하의 결과를 보였습니다. 이는 일반적으로 영재들은 사고가 빠르다는 통념과 반대되는 것으로, 우리가 일반적으로 생각하는 영재 개념을 모든 영재에게 적용할 수 없다는 것을 의미합니다.

혹시 지금까지 '영재'라고 했을 때 영재교육기관에 선발된 영재만을 영재라고 생각하진 않았나요? 영재 중에는 영재교육 기관에서 영재교육을 제공하지 않는 분야에서 뛰어난 영재도, 여러 가지 환경적·개인적 이유로 미성취하고 있는 영재도, 장애에 가려 영재성을 인정받지 못하는 영재도 있습니다. 이미 어려움을 겪고 있는 영재들에게 우리의 편견이 또 다른 난관이 될 수 있기에, 다양한 종류의 영재가 있다는 사실이 사회에서 널리 이해되기를 바랍니다.

오해 6. 성공하지 않았다면 영재성은 의미가 없다

선물을 뜻하는 영어단어 gift는 재능을 의미하기도 합니다. 이미 선물과도 같은 것을 타고났기에, 영재가 자신의 재능을 발휘하지 못하는 경우 다른 사람들보다 더 혹독하게 비판을 받는 경향이 있습니다. 그러한 가혹한 비판을 피하기 위해 영재들은 때로 자신의 재능을 숨기거나, 성취를 하기 위해 자신을 혹사하면서까지 재능 발현에 애를 쓰곤 합니다. 그렇게 해서 사회적 인정을 받는 경우와 그렇지 못한 경우 모두 종종 그들에게 깊은 상처로 남아 일부는 심한 우울감을 느끼거나 극단적 선택을 하기도 합니다.

* 아래 내용에는 영재 관련 영화들의 스포일러가 포함되어 있습니다
    영화 〈비투스Vitus〉프레디 M. 무러 감독, 2008의 주인공 비투스는 말장난을 좋아하는 언어영재이자 수 감각이 뛰어난 수학영재이

며 동시에 피아노 신동이기도 합니다. 비투스가 성장하면서 피아노에 특별히 두각을 보이며 재능을 나타내자 비투스의 부모는 여기저기에서 비투스의 재능을 잘 키워야 한다는 이야기를 듣게 됩니다. 피아노 치는 것이 좋아서 피아노를 쳤지 누구를 위해 치는 것이 아니었던 비투스는 부모, 특히 어머니의 태도에 반감을 갖게 되고, 결국에는 할아버지와 만들었던 나무 날개를 입고 높은 층에서 떨어져 뇌진탕을 일으킵니다. 그 후 비투스의 영재성은 사라지고 비투스는 또래들과 같이 지극히 평범하게 지내지만 영화 후반부로 가면 사실 비투스가 사고를 계기로 자신이 영재성을 잃은 것처럼 행동해왔다는 사실이 드러납니다.

영화 〈어메이징 메리Gifted〉마크 웹 감독, 2017에서 메리는 뛰어난 수학영재입니다. 메리의 엄마 다이앤은 유능한 수학도였으나 메리 할머니의 숨 막히는 통제와 영재성 발휘를 위한 강요로 결국 극단적 선택을 하게 되고, 메리마저 같은 고통을 느끼게 할 수 없었던 메리 삼촌 프랭크는 메리를 일반 학교에 보내기를 고집합니다. 그러나 메리의 영재성이 알려지게 되면서 결국 메리 할머니가 이를 알게 되고, 메리를 삼촌으로부터 데려와 수학에만 온전히 집중할 수 있는 환경을 만들어주고자 합니다. 그 과정에서 메리는 삼촌과의 평범한 일상, 나이가 많지만 절친한 이웃이었던 로베르타, 그리고 기르던 고양이와 작별할 위기를 맞게 되자 격렬히 저항합니다.

영화 〈위플래쉬Whiplash〉데이미언 셔젤 감독, 2014에서 음악대학의 플렛처 교수는 학생들에게 온갖 폭언과 폭행을 서슴지 않지만, 그를 거쳐간 학생들이 높은 성과를 낸다는 이유로 그에게 배우겠다는 학생들이 끊이지 않습니다. 그 학생들 중 한 사람이 앤드류인데, 그는 플렛처 교수에게 인정받고 더욱더 완벽해지기 위해 손에 피가 날 정도로 지독하게 드럼 연습을 하며, 그로부터 받는 온갖 모욕과 수치를 '더 나아지기 위한 채찍질'로 여기면서 애써 견뎌냅니다. 심지어 자동차 사고를 당하고도 자기가 따낸 파트를 빼앗기지 않기 위해 공연장으로 돌아가 연주하지만 사고 여파로 실력발휘를 할 수 없게 되어 결국 무대에 오르지 못합니다. 그 일을 계기로 자신이 플렛처 교수에게 받았던 가혹행위를 학교에 모두 털어놓으며, 드러머의 꿈을 접게 됩니다.

영화 속 이야기들이 다소 익숙하게 들리는 이유는 비슷한 일들이 현실에서도 일어나기 때문입니다. 전·현 스포츠 국가대표 선수들이 코치들로부터 성적을 낼 것을 강요받으며 갖은 폭언과 폭행을 당해왔고, 이러한 폭력이 대물림되고 있다는 뉴스를 심심치 않게 봅니다. 혹은 어린 나이에 온갖 스포트라이트를 받으며 영재성이 조명되었던 신동들이 이후에는 소리 소문 없이 지낸다는 이야기도 듣곤 합니다. 이 모든 것은 어디서부터 잘못되었을까요?

파이퍼와 스타킹[30]은 영재가 겪는 어려움 중 하나로 부모와 주변의 영재성에 대한 과중한 기대를 꼽습니다. 지나친 칭찬이나 간섭은 영재들이 성공에 대해 왜곡된 시각을 갖게 하며, 주변과의 갈등, 반항, 수동적 공격성향passive-aggressiveness, 우울, 무기력, 미성취 등으로 표면화됩니다. 이들에 따르면, 앞서 오해 2에서 언급한 비동시적 발달도 영재가 이러한 어려움에 노출되었을 때 적절히 반응하는 것을 어렵게 만듭니다.

지적 능력은 또래보다 훨씬 앞서는 반면 정서적 발달은 그렇지 못한 경우, 영재들은 자신의 정서적 어려움을 다루지 못하는 것을 스스로 잘 받아들이지 못해 때로 감정적으로 폭발하거나 자기를 비하하는 경향을 보이기도 합니다. 이러한 정서적 취약함은 영재 자신에게 과도한 기대가 올 때 더 심해지는데, 주변과의 갈등처럼 표출되는 경우도 있지만 영재 스스로 방어기제로써 이것을 완벽히 숨기는 때가 많습니다. 플렛과 휴이트[31]는 이런 종류의 우울감을 '숨겨진 우울disguised depression' 또는 '웃음으로 가려진 우울smiling depression'이라고 설명합니다.

저 또한 교실에서 가면을 쓰고 생활하는 영재들을 많이 보았습니다. 영재에 대한 사전 지식이 있는 제게는 보이는 가면이, 다른 아이들에게는 잘 보이지 않는 것 같았습니다. 이 아이들은 실수를 극도로 꺼렸으며 때로는 실수를 두려워해 새로운 것을 시도하지 않기도 했습니다. 이 아이들의 가면이 보이지 않았던 이유는, 많은 방면에 재능이 뛰어나고 다른 친구들을 항상 도와주는 착한 심성을 갖고 있어 아이들로부터 '다 잘하고 좋은 친구'로 인식되었기 때문입니다.

아이들의 가면을 지켜보는 것보다 저를 더 슬프게 만든 것은, 일부 부모님들이 이 가면을 보지 못하거나 아니면 명백히 보이는 가면을 외면하는 일이었습니다. 아이들이 너무나도 멀쩡하고 잘 지내는 것처럼 보이기에 가면을 보지 못하거나 가면이 보이더라도 자신이 바쁘기 때문에 또는 부모도 아이의 취약성이 드러나 가면이 벗겨지는 것이 두려웠기 때문에 마치 아무 일도 없는 것처럼 말하고 행동했습니다.

제가 좋아하는 책 《우주비행사의 지구생활 안내서An Astronaut's Guide to Life on Earth》를 쓴 캐나다 출신 우주비행사 크리스 해드필드는 책에서 이렇게 밝힙니다.

"나는 단 한순간도 '우주에 못 가면 내 인생은 끝장'이라고 생각해본 적이 없다. 당시로선 우주비행사가 될 가능성조차 없었던 만큼,

그 꿈에 내 자존감을 걸 필요가 없다는 걸 알고 있었다."*(p. 18)*

물론 이렇게 말한 해드필드가 결국에는 우주비행사가 되었기 때문에 '꿈을 이루지 못한다고 해서 인생이 끝나는 게 아니다'라고 말하는 게 아이러니할 수도 있지만, 저는 어쩌면 그의 실패나 좌절에 대한 열린 태도가 오히려 목표에 집중할 수 있는 촉매제가 되지 않았을까 생각합니다. 영재의 사회적 성공이 반드시 그들의 행복과 연결되지 않는다는 사례가 무수히 많음에도 우리는 여전히 그들을 평가하는 잣대로 성공을 이용하곤 합니다. 부디 많은 영재가 자신의 영재성을 소중히 하고 키우는 것 자체로 행복을 느낄 수 있기를 바라며, 그들이 성취하지 못함에도 엄격하게 비판하기보다는 조금 너그럽게 다음 기회를 주는 사회가 되기를 희망합니다.

또한 어려움을 겪고 있는 영재들이 꼭 알았으면 하는 것은, 가끔 자신의 빛이 사람들에게 보이지 않는 이유는 더 밝은 빛 옆에 서 있거나, 빛이 차단된 완벽한 어둠 안에 있기 때문이니 자신이 빛난다는 사실 자체를 부정하지 않았으면 좋겠다는 것입니다. 그리고 보이지 않아도 그 빛 자체로 의미가 있습니다. 자신을 환히 밝히며 부디 그 빛을 잃지 않기를….

CHAPTER. 02

영재성에 대한 생각의 변화

1. 블로그에서 유튜브까지 - 현대의 다양한 영재상

미국 NBC방송에서 방영하는 〈아메리카 갓 탤런트America's Got Talent〉라는 프로그램이 있습니다. 다방면에 재능이 있는 사람들이 나와서 짧게 퍼포먼스를 하고 심사위원 네 명의 선택에 따라 다음 단계로 진출할 기회를 받게 됩니다. 제가 본 것 중 비보잉, 팝핀, 한국무용, 태권도 동작이 어우러진 군무를 보여준 한국의 댄스팀 저스트 저크Just Jerk, 0.1초 만에 옷 한 벌을 갈아입으며 주어진 몇 분 안에 옷 수십 벌을 바꿔 입은 한국인 부부Britain's Got Talent, 등을 뒤로 굽혀도 넘어지지 않으며 연체동물인지 로봇인지 분간할 수 없을 정도로 뛰어난 유연성, 순발력 등을 겸비한 댄스 참가자가 인상적이었습니다.

그중에서 가장 기억에 남는 참가자는 2017년 〈아메리카 갓 탤런트〉의 최종 우승자인 12세의 달시 린Darci Lynne입니다. 달시는 말을 하는데 입모양이 보이지 않는 복화술을 능숙하게 했을 뿐 아니라 인형과 대화하듯 목소리를 계속 바꾸는 연기, 복화술을 하면서 노래를 뛰어나게 잘하는 퍼포먼스를 보여주어 심사위원은 물론 관객, 전 세계 유튜브 시청자들에게 강한 인상을 남겼습니다. 달시가 〈아메리카 갓 탤런트〉 시즌 12에서 보여준 퍼포먼스 모음 영상은 유튜브에서 2019년 2월 기준 조회수가 4,300만이 넘었으며 구독자 수가 22만 명입니다. 달시는 현재 미국 전역을 돌며 공연하는 어엿한 프로 복화술사로 활동하고 있습니다.

최근에는 유튜브 조회수에 따라 수입이 발생하다 보니 채널 운영 자체를 직업으로 삼는 사람들도 어렵지 않게 찾을 수 있습니다. 콘텐츠 종류는 장난감 사용 후기, 외국어 강의, 기타 연주, 연예인 메이크업, 스포츠 영상 등 수를 셀 수 없을 만큼 다양합니다. 사람들은 유튜브라는 플랫폼을 이용해 자신의 재능을 공유하고 인정받습니다. 단순히 유튜브뿐만이 아닙니다. 어떤 사람들은 세계 각국을 여행하며 자신의 여행기를 블로그에 상세히 기록하여 다른 사람들에게 정보를 주고 자신만의 경험을 공유합니다.

이러한 기록이 인기를 끌면 사진과 함께 책으로 출판하기도 합니다. 주어진 기간 안에 매일 운동하며 자신의 신체변화와 자세한 운동 방법을 인스타그램에 공유해서 팔로워가 많은 사람들도 있습니다. 이들의 재능은 단순히 타고난 언어, 신체, 음악, 예술적 능력뿐만 아니라 사람들이 무엇을 좋아하는지 빨리 읽는 능력, 영상을 화려하거나 깔끔하게 편집하는 능력, 다른 사람들이 선보이지 않는 새로운 것에 도전하는 창의성까지를 모두 포함합니다.

그렇다면 유튜브, 인스타그램과 같은 플랫폼이 생기기 이전 사람들은 어떤 방식으로 재능을 발휘하고 인정받았을까요? 이들이 보여주는 재능은 과거에도 지금만큼 인정받을 수 있었을까요? 과거에는 어떤 재능이 선호되었으며 영재성 개념은 시대에 따라 어떻게 달라졌을까요?

2. IQ 검사, 어떻게 사용되어 왔을까 - 지능검사의 변천

지능검사는 언제부터, 어떤 목적으로 생겨났을까요? 최초의 지능검사로 알려진 비네-사이먼 검사Binet-Simon Intelligence Test는 19세기 말 프랑스 교육법의 개정으로 비롯되었습니다. 당시 프랑스의 6세부터 13세까지 아동들은 반드시 학교에 다니도록 하는 법이 통과되면서 심리학자 알프레드 비네는 부진아를 위한 교육을 하려는 프랑스 교육부로부터 그들을 판별하는 도구를 개발하도록 요청받았습니다.[32] 비네는 제자 사이먼과 함께 아동의 정신연령과 실제 연령을 고려하여 계산되는 검사도구를 개발하였으며, 이후 여러 번 개정되며 부진아 선별 목적 외에 아동의 지능을 측정하는 도구로 널리 쓰이게 되었습니다.

비네와 사이먼이 정신연령과 실제 연령의 차이를 지능검사 결과로 사용하기는 했으나 전체 아동에게 표준화할 수 있는 기준은 없었는데, 같은 시대를 살았던 독일 심리학자 빌리암 슈테른William Stern이 현재 우리에게 알려진 IQIntelligence Quotient 개념을 도입합니다. 슈테른은 정신연령을 실제 나이로 나눈 몫을 한 사람의 지능으로 보았고 현재 알려진 100을 곱한 값은 루이스 터먼[33]의 노력으로 쓰이게 되었습니다. 초기 아동에게만 쓰이던 비네-사이먼 검사는 비네가 제1차 세계대전 직전인 1910년 프랑스 국방부의 요청을 받아 성인에게도 검사할 수 있도록 개정하였습니다.[34]

이후 이 검사는 1916년 스탠퍼드 대학교의 터먼이 미국 실정에 맞는 스탠퍼드-비네 검사로 개정했으며, 터먼은 2,300명이 넘는 아동과 청소년을 대상으로 해당 검사를 실시하여 방대한 양의 데이터를 모았습니다.[35] 이후에도 터먼은 검사 결과를 적용할 수 있는 나이 범위와 측정 가능한 지능지수의 범위를 넓히기 위해 쉽거나 어려운 문제를 수천 명을 대상으로 검사하여 도구를 개정·표준화하였습니다.

검사도구는 미국 전역은 물론 세계 여러 나라에서 번역본으로 널리 사용되기 시작했습니다. 프랑스가 그러했듯, 1917년 미국 정부는 제1차 세계대전에서 사병들의 지능을 측정하고 선별·선발하는 용도로 이 검사를 이용합니다.[36] 스탠퍼드-비네 검사는 현재까지 웩슬러 검사와 더불어 가장 많이 쓰이며, 2003년에 나온 다섯 번째 개정판이 가장 최신판입니다.

비네 검사는 언어능력 측정에 지나치게 비중을 둔다는 비판을 받았는데, 데이비드 웩슬러는 이런 부분을 보완하여 비언어적 요소에도 비중을 둔 웩슬러 지능검사Wechsler-Bellevue를 1939년 발표하였습니다.[37] 웩슬러의 연구는 미국 뉴딜정책의 일환으로 만들어진 공공산업진흥국Works Progress Administration, WPA의 지원을 받아 이루어졌으며 미국 전역에서 방대한 연구 샘플을 수집할 수 있었습니다. 1955년에 웩슬러 성인 지능검사 Wechsler Adult Intelligence Scale, WAIS라는 이름으로 처음 발표된 이후 개정을 거듭하여 2008년에 네 번째 개정판인 WAIS-IV이 발표되었고, 곧 다섯 번째 개정판도 나올 예정입니다.

초기에 부진 아동을 판별하려고 개발된 지능검사는 이후 그 쓰임이 전체 아동, 전체 성인으로 확대되었으며 뛰어난 사병 선발, 교육 목적 등으로 그 용도 또한 다양하게 변화하였습니다. 그 과정에서 해당 도구들은 여러 번 개정되며 이전 버전의 한계를 보완하고자 하였습니다. 달리 말하면 어떤 측정도구로 는 높은 지능지수를 받지 못하는 사람이 보완된 도구로는 이 전보다 높은 지능지수를 받을 수도 있음을 의미합니다. 우리 가 알아야 할 것은, 지능을 판별하는 도구는 시대 요구에 따라 개발되고 쓰여왔으며 어떤 측정도구든 한계점이 있다는 점입 니다.

스탠퍼드-비네 검사의 창시자인 터먼조차 해당 검사가 일 반 지능general intelligence을 측정할 뿐이지 미술, 음악, 수학, 언어 재능 등을 판별할 수는 없다고 밝혔습니다.[38] 현재는 과거에 비해 지능검사 지수에 의존하는 경향이 덜하며 이는 또 다른 시대적 요구라고 할 수 있습니다. 그렇기에 만약 여러분의 또 는 자녀의 측정된 지능지수가 만족스럽지 못하더라도 검사도 구가 IQ 너머의 반짝이는 재능을 탐지하지 못한 것으로 이해 하고 IQ 점수와 상관없이 재능을 소중히 하며 꾸준히 계발해 도 좋을 것입니다.

3. IQ가 높은 사람은 어떻게 살았을까 - 터먼의 종단연구

앞서 소개한 터먼은 비네-사이먼 검사를 스탠퍼드-비네 검사

로 개정한 것으로 이름이 널리 알려졌지만, 그보다도 영재 종단연구로 더 잘 알려져 있습니다. 터먼은 1920년대 초반, 스탠퍼드-비네 검사 결과 IQ140 이상인 미국 캘리포니아의 학생 1,524명을 선발하여 뛰어난 영재들은 어떤 특성을 보이는지 알아보고자 했습니다.[39] 샘플 중 일부 학생은 IQ140이 되지 않는 경우도 있었지만 전체 IQ 평균이 151에 육박할 정도로 선별된 아동들은 대단히 높은 지능지수를 보였습니다. 터먼은 연구 시작 당시 8세에서 12세 정도 아동들이 성인이 될 때까지 추적연구를 하였으며 그들의 교육과 소득수준을 알아보고자 했습니다.

터먼은 터먼 영재IQ140 이상 터먼 종단연구 참여자들 대부분이 학년 속진acceleration을 했으며 남성 참가자의 70%, 여성 참가자의 67%가 대학을 졸업했음을 알아냈습니다.[40] 당시 캘리포니아 인구의 8% 정도만이 대학을 갔던 것을 감안하면 대단히 높은 대학 진학률이라고 할 수 있습니다. 또한 남성 연구 참가자의 평균 연령이 30세였을 때 70%가 전문직 또는 준전문직semi-professional에 종사하고 있었고 45세가 되었을 때는 그 비율이 무려 96%로 올라 있었습니다. 이는 '영재는 지능 상위 1%에 속하며 일반 아동보다 행복하고 신체적으로 건강하기 때문에 우월하다'는 터먼의 초기 관점을 확인해주는 연구 결과처럼 보일 수도 있습니다.

그러나 터먼 연구에는 한계가 있습니다. 연구 참여자의 추정치 95~99%가 백인이었고, 참가자 75%의 아버지 직업이 전문직 또는 사업가였으며, 가족 배경이 중산층인 참가자가 60%, 소득수준 평균이 상위 30%로 참가자의 인종, 가족의 사회적·경제적 수준이 지나치게 쏠려 있음을 알 수 있습니다.[41] 터먼은 심리학에서 가장 오래되고 방대한 종단연구를 했다는 찬사와 함께 IQ에 대한 지나친 강조, 실력주의 주창, 주변 환경보다는 지능의 유전에 대한 강조 등으로 강하게 비판받아왔습니다.[42] 터먼의 IQ에 대한 집착은 특히 초기 출간물에서 다음과 같이 드러납니다. "개인에게 IQ보다 중요한 것은 없다."Terman, 1922, p. 657,[43] "IQ 점수는 어떤 아동에게 적용하더라도 많은 것에 영향을 미치는 가장 중요한 요소이다."Terman, 1911, p. 203; 1916, p.20[44]

터먼의 연구결과 중 아이러니한 것이 있는데, 바로 터먼이 영재의 사회적·경제적 성공에서 성격적 요인의 중요성을 찾아냈다는 점입니다. 터먼은 지능 이외에 영재의 성공에 영향을 미치는 요소를 찾기 위해 전체 종단연구 참가자 샘플 중 가장 성공한 남성 150명과 가장 성공하지 못한 남성 150명의 샘플로 연구를 실행했습니다.[45] 그 결과 성공은 정신건강, 정서적 안정감, 사회적 적응과 정적인 상관관계를 이루었으며, 두 그룹에서 가장 큰 차이를 보인 네 영역은 '목표 성취를 위한 끈기, 목표를 향한 통합, 자신감, 열등감에 구애받지 않음'이었습니다. 터먼은 심지어 영재 종단연구 결과를 보고하는 마지막 출판물인 다섯 번째 책[46] 마지막 페이지에서 다음과 같이 밝히며 초기 연구와 다른 관점을 보였습니다.

"우리는 모두 연구 참가자의 직업적 성공이 인생에서 가장 중요한 측면이 아니었음을 알고 있을 것입니다. 많은 사람에게 인생의 가장 중요한 성취는 행복, 만족감, 정서적 성숙, 통합성integrity입니다."(p.152)[47]

저는 터먼의 연구가 우리나라의 영재교육, 그리고 교육 전반에 시사하는 바가 크다고 생각합니다. 우리 모두 '영재가 사회경제적으로 반드시 성공하지는 않는다'는 사실을 잘 알고 있습니다. 그럼에도 우리는 마치 초기 터먼이 IQ에 집착했듯, 영재의 지능지수나 성적, 수상경력 등의 객관화된 지표에 지나치게 열광하는 경향이 있습니다.

저는 IQ 신봉자였던 터먼 스스로가, IQ 너머에 있는 인생에서 다른 요소의 중요성을 데이터를 통해 밝혀내고 증명했다는 점에 대해 상당히 긍정적으로 생각합니다. 우리도 이제는 영재가 단순히 객관적인 성공의 지표만 성취하도록 교육하기보다는, 그들의 성취가 정서적 안녕감, 자존감, 그리고 행복감과 함께 갈 수 있는 교육을 지향해야 한다고 생각합니다.

4. 영재에 대한 새로운 정의 - 렌줄리의 세 고리 모형

1978년 11월, 영재에 대한 기존의 개념을 완전히 깨는 영재에 대한 새로운 정의가 저널 《피 델타 카판Phi Delta Kappan》에 소개되었습니다. 코네티컷 대학교의 렌줄리는 '영재성은 평균 이상의 능력above average ability, 과제 집착력, 창의성으로 이루어진다'는 세 고리 모형을 소개했습니다. 그의 정의는 그간 암묵적으로 받아들여졌던 영재의 정의인 '스탠퍼드-비네 또는 웩슬러 검사와 같은 표준화된 검사로 판별된 최소 상위 5%에 해당하는 사람'에 비해 대단히 파격적인 정의라고 할 수 있습니다. 렌줄리는 1999년 〈영재성은 무엇이며 어떻게 계발해야 하는가?〉라는 논문에서 당시 상황을 다음과 같이 회고합니다.

"내가 1977년 삼부심화학습모델Triad Model과, 1978년에 영재성 정의에서의 세 고리 모형Three-ring conception을 소개한 이후 전국으로부터 다양한 반응을 접하게 되었다. 그 반응은 '렌줄리가 옳았다'Busse & Mansfield, 1980는 긍정적인 반응부터 '렌줄리의 정의는 영재교육의 국가적 병폐이다'라는 반응까지 다양했다. (중략) 내가 제안한 삼부심화학습모델과 세 고리 모형이 당시 영재교육 분야에 지배적이던 영재성의 정의에 도전한다는 것은 알고 있었지만, 각 주의 영재교육 담당자들이 내가 지역구의 학교들과 소통하고 상담하는 것을 방해하고 영재교육 분야 저널의 편집자들이 내 논문 출판을 거절할 것이라는 예상은 하지 못했다."(pp. 5-6)

미국의 저명한 심리학자 스턴버그[48]는 렌줄리의 새로운 영재성 정의에 대해 다음과 같이 평했습니다.

"렌줄리의 업적은 단순히 IQ 점수나 다른 시험 점수들이 설명하지 못하는 영재성을 설명하는 대담한 시도이다."(p. 67)

그의 영재성 정의를 두고 지난 40년간 논란이 많았지만 그가 세 고리 모형을 소개한 1978년의 논문은 2019년을 기준으로 2,300회가 넘게 인용되며 많은 학자와 사람들에게 인정받고 있습니다. 렌줄리[49]가 생각하는 평균 이상의 능력, 과제 집착력, 창의성은 다음과 같습니다.

• **평균 이상의 능력**
  일반적 능력: 높은 추상적 사고능력, 새로운 환경의 적응력, 빠르고 정확하게 정보를 분류하고 기억해내는 능력
  특정 능력: 일반적 능력을 특정 분야의 지식에 적용하는 능력, 관련이 없는 정보들 속에서 관련된 정보를 체계적으로 분류해내는 능력, 문제 해결 능력

- **과제집착력:** 관심 분야에 보이는 수준 높은 열정, 특정 분야에 몰
  입, 성취하고자 하는 동기와 자신감, 하는 일에 대한
  높은 기준 설정
- **창의성:** 유창성, 유연성, 독창성, 새로운 경험이나 생각에 대한
  개방성, 호기심, 위험을 감수하고자 함, 심미적인 것에
  대한 감수성

렌줄리는 이 세 분야 중 어느 한 분야가 특별히 더 중요성
을 띠지 않으며 상호작용한다고 설명합니다. 특히 평균 이상
의 능력은 한 가지 검사만으로 측정할 수 없으며, 어떤 분야에
서든 상위 15%에서 20% 정도의 성취를 보이는 것을 평균 이
상의 능력으로 보았습니다.[50] 렌줄리는 2003년 논문에서 과제
집착력이나 창의성이 수치화되어 계산될 수 없다는 한계를 인
정하면서도, 세 영역이 반드시 존재하며 상호작용해야 영재성
을 발휘할 수 있다고 주장하였습니다.

렌줄리의 영재성 정의는 영재교육 대상자의 75%가 수학·
과학영재이며 2% 미만 학생들이 영재교육을 받고 있는 우리
나라 영재교육에도 시사하는 바가 크다고 생각합니다. 우리나
라에서도 렌줄리의 새로운 정의에 따라 미래에는 좀더 다양한
분야의 영재들과 넓은 범위의 영재들이 교육 대상자로 포함될
수 있기를 바랍니다.

5. 지능은 하나가 아니다 - 가드너의 다중지능이론

앞서 살핀 지능검사와 영재에 대한 정의들은 시대에 따라 변화하면서 교육, 사회 전반의 발전에 많은 기여를 했음에도 특정 계층 또는 집단을 옹호하며 다양한 분야의 영재들을 포함하지 못한다는 비판을 받아왔습니다. 이에 렌줄리가 1978년 '영재성은 평균 이상의 능력, 과제 집착력, 창의성으로 이루어져 있다'고 주장함으로써 이전보다 더 많은 학생이 영재로 간주되게 되었습니다. 렌줄리의 영재 정의가 이전보다 많은 학생을 포함하였다면, 가드너의 지능에 대한 정의는 영재성, 재능이 속하는 분야의 범위를 좀더 넓게 확장했습니다.

1983년 하버드 대학교 교육심리학자 하워드 가드너는《마음의 틀-다중지능이론Frames of Mind-The Theory of Multiple Intelligences》을 발표하며 지능에는 음악, 신체운동, 논리-수학, 언어, 시각-공간, 대인관계, 자기성찰 지능 7가지가 있다며 지능에서 문화의 역할을 강조하였습니다. 이후에 그는 자연친화 지능을 기존의 지능에 추가하였고, 실존지능도 새로운 지능으로 추가될 수 있다고 밝혔습니다.

다중지능이론은 언어, 논리에 지나치게 집중하던 종전의 지능검사와 교육 방식에서 벗어나 교육자들이 예술, 운동 등 다양한 분야에 영재성을 보이는 학생들에게도 초점을 맞출 수 있도록 하였습니다. 또한 가드너의 이론은 현장의 획일적인 교육 방식에서 개인차를 인정하는 교육으로 변화하는 데에도 상당한 기여를 하였습니다. 그의 책은 2019년 6월 기준으로 3만 5,000회에 육박하는 엄청난 인용 수를 나타내며 그 영향력을 드러내고 있습니다.

다중지능이론에서 각 지능의 특징은 표와 같습니다.

음악 Musical	자신의 감정을 음악적으로 잘 표현, 소리의 다양한 특질인 높낮이, 리듬, 멜로디, 음색에 매우 민감하게 반응
신체운동 Bodily–kinesthetic	외부의 자극과 정보, 문제를 자신의 육체를 통하여 인식하고 이해, 자신의 신체적 동작을 완벽하게 통제하고 물체를 솜씨 있게 다룸
논리–수학 Logical–mathematical	연역적·귀납적 사고, 복잡한 수학적 계산과 사물 간의 논리성을 과학적으로 구성, 추상적인 패턴과 관계들에 대한 인식
언어 Verbal–linguistic	언어를 구사하고 말의 뉘앙스, 순서, 리듬, 의미를 이해하며 표현하는 능력
시각–공간 Visual–spatial	색깔, 모양, 공간, 형태 등의 관계를 민감하게 파악하며 3차원적인 공간 세계를 정확하게 이해하고 변형
대인관계 Interpersonal	다른 사람의 마음, 감정, 느낌을 잘 이해. 인간이 가지고 있는 상이한 감정의 다양한 특성을 잘 인지함. 높은 의사소통능력
자기성찰 Intrapersonal	자신의 성격, 감정 상태와 변화, 행동의 목적과 의도에 대해 잘 인지. 높은 자아존중감과 자기향상 욕구

자연친화 Naturalistic	동식물이나 주변에 있는 사물을 자세히 관찰하여 차이점이나 공통점을 찾고 분석. 동식물 및 기후 변화, 환경 보존 등에 많은 관심

* 김춘경 외,[51] 《상담학사전》의 내용을 표로 재구성

가드너[52]는 개인의 지능을 단 하나의 필기시험으로 측정할 수 있는 단일 능력으로 보지 않고 위의 지능들이 복합적으로 작용하는 집합체로 보았습니다. 예를 들어 바이올린이나 피아노 연주자들은 단순히 음악 지능만 갖고 있지 않으며, 손가락을 움직이는 속도, 강도 등을 훌륭하게 조절할 수 있는 신체운동적 민첩성, 청중을 다루는 대인관계기술 등을 보유하고 있습니다.

이처럼 인간은 여러 개 지능을 다양한 상황에서 복합적으로 사용하기 때문에 IQ 테스트 등 기존의 지능검사들은 다양한 인간의 지능을 판별하는 데에 한계를 드러내왔습니다. 가드너는 이를 비판하며 다중지능이론을 제시하면서도 다중지능을 판별할 수 있는 도구를 제시하지는 않았습니다.

그 이유로 '지능은 인간이 새로운 개념을 습득하고 이해하는 데에 활용되어야지 인간을 분류하는 목적으로 쓰여서는 안 된다'라고 밝혔으며, 그 어떤 측정도구도 문화의 영향으로부터 자유로울 수 없음을 주장하였습니다. 가령 주어진 시간에 제한된 공간에서 필기구를 이용해 보는 시험의 경우 이러한

시험 상황에 익숙한 학생들이 익숙지 않은 학생들보다 시험을 잘 볼 수밖에 없다고 주장합니다.

가드너는 영재성을 '한 문화권의 특정 영역에서 나타나는 조숙한 생물심리학적 잠재능력의 징표'라고 정의하며 지능에서 문화의 영향력을 다시 한번 강조하였습니다. 다시 말해, 특정한 능력이 한 사회에서 가치 있는 것으로 인정된다면 그것이 지능의 발현으로 이해될 수 있다는 것입니다.

앞서 소개한 유튜브 스타들은 인터넷 접근이 가능하고 영상을 찍을 수 있는 도구가 널리 퍼져 있는 국가들에서는 재능을 인정받을지 몰라도, 문명으로부터 고립된 지역에서는 그들의 능력이 의미 없는 것으로 간주될 수도 있습니다. 반대로 뛰어난 사냥기술, 벽지에서의 생존기술 등은 도시 사람들에게는 크게 중요하지 않은 능력입니다.

EBS에서 2011년에 방영한 〈다큐프라임-아이의 사생활〉 시리즈의 '다중지능편'을 흥미롭게 본 기억이 있습니다. 일반인 2,698명을 대상으로 한 설문조사에서 자신의 직업에 불만이 있다고 응답한 사람 중 비교적 불만도가 높은 8명을 대상으로 다중지능검사를 하였는데, 이들이 보인 상위 강점 지능은 자신의 직업이 아닌 희망 직업과 관련이 있었습니다.

한편 자신의 직업에 만족하는 발레리나, 가수, 의사, 디자이너의 경우 각각 신체운동, 음악, 논리수학, 공간 지능에 강점을 보이며 자신의 직업과 강점을 보인 지능이 직접 관련이 있었습니다. 또 이 네 명의 공통점이 있었는데, 자신의 상위 지능 세 개의 지능에 '자기성찰지능'이 모두 포함되어 있다는 것이었습니다. 즉, 직업적 만족도는 자신이 어떤 것을 좋아하고 잘하는지 이해하여 잘하는 능력을 계발하고, 해당 분야에서 만족할 만한 성취를 이루는 데서 온다는 것을 추측할 수 있습니다.

가드너의 다중지능이론은 이를 뒷받침하는 근거가 빈약하다는 이유로 비판받고 있지만, 전 세계적으로 교육과 평가의 형태를 종전의 다소 경직된 형태에서 다양한 형태로 바꾸는 데에 기여했음은 부인할 수 없습니다. 저는 그의 이론이 우리나라의 교육과 영재교육에 시사하는 부분도 많다고 생각합니다. 앞서 오해 5에서 밝혔듯 우리나라의 영재교육은 지나치게 수학·과학 영역에 편중되어 있습니다.

우리는 다중지능이론을 통해 우리와 우리 아이들에게 언어, 수리 능력 외에도 음악, 신체운동, 대인관계, 자기성찰 및 자연친화 지능 등 다양한 지능이 있으며, 이는 문화적 맥락에 따라 선호되는 정도가 결정된다는 것을 알게 되었습니다. 이에 따라 저는 한국의 가정과 학교에서 언어, 수학·과학 등 특정 영역에 두각을 나타내는 영재 아동에게만 초점을 맞추는 것이 아니라 다양한 영역에서 발현되는 아이들의 영재성에도 관심을 갖기 바랍니다. 또한 우리 사회에서 인정받는 능력이 다른 사회에서도 반드시 인정받는 것은 아니기 때문에 사회의 큰 인정을 받지 못하는 영역에서도 묵묵히 빛을 발하는 영재들이 자신의 가치를 지나치게 사회의 기준에 두지 않았으면 합니다.

마지막으로, 오해 6에서 살폈듯이 영재의 사회적 성공이 반드시 그들의 행복을 보장하지는 않습니다. EBS의 〈다큐프라임〉 다중지능편에서 자신이 하는 일에 만족하는 사람의 특징으로 '높은 자기 이해 능력'을 제시한 것처럼, 영재들이 행복한 성인으로 성장하기 위해 단순히 높은 학업 성적만 추구할 것이 아니라 궁극적으로 자신이 무엇을 좋아하고, 무엇을 잘하는지를 이해하며 재능을 계발하게 하는 영재교육이 되기를 기대합니다.

6. 전 세계적 IQ 평균의 증가 - 플린 효과

1987년 3월, 뉴질랜드 오타고 대학교 제임스 플린James Flynn은 전 세계를 놀라게 한 연구 결과를 〈14개국에서의 엄청난 IQ점수 상승〉이라는 제목으로 발표합니다. 그의 연구 결과는 제목 그대로 14개국 아동, 청소년들의 IQ 점수가 한 세대를 거치면서 적게는 5에서 많게는 25점만큼 증가했다는 것입니다.[53] 그의 논문은 2019년 기준으로 2,300회 넘게 인용되며 그 파급

력을 보여주고 있습니다. 플린이 대상으로 했던 14개국 이외에 다른 나라에서도 세대를 거치며 IQ가 상승했음을 보이는 논문들이 차례로 발표되었습니다.

세대를 거치면서 전 세계적으로 IQ 점수가 상승한 것을 그의 이름을 따서 '플린 효과Flynn Effect'라고 부릅니다. 플린은 단순히 IQ 점수 상승에 주목하지 않았는데요, 그는 다른 영역보다 특히 분류, 추론과 관련된 영역의 점수가 큰 폭으로 상승했음을 발견했습니다. 2013년 테드Technology Entertainment Design, TED 강연에서 그는 이러한 결과의 이유를 다음과 같이 설명합니다.

과거의 사람들은 현재의 사람들보다 가정을 하거나 추상적인 생각을 하기보다는 현실적이고 구체적인 일에만 관심이 있었다는 것입니다. 그는 이해를 돕기 위해, 1900년도 초반 러시아 심리학자 알렉산드르 루리아Aleksandr Luria라는 학자가 했던 인터뷰를 예로 들었습니다.

루리아가 러시아 시골마을에 사는 사람에게 물었다.

"북극에는 항상 눈이 있습니다. 눈이 있는 곳에 사는 곰들은 항상 흰색입니다. 북극의 곰들은 어떤 색일까요?"

"그것은 증언으로만 알 수 있습니다. 한 현자가 북극에 와서 '곰들은 흰색이다'라고 말하면 제가 믿을지도 모르겠네요. 그러나 제가 지금까지 본 곰은 전부 갈색이었습니다."

그 당시 사람들은 가정하고 추론하는 사고를 하기보다는 자기 경험에 기반해서 판단하는 경향이 있었습니다. 그 이유는 단순하게도 당시에 추론, 가정 등의 사고를 할 필요가 별로 없었기 때문이죠. 플린에 따르면 1900년에는 미국 인구의 3% 정도만이 고도 사고능력을 요하는 전문직에 종사하였지만 현재는 35% 이상이 높은 인지적 수준을 갖추어야만 할 수 있는 전문직과 준전문직에 종사하고 있습니다. 세계가 점차 복잡다양해지면서 그에 맞추어 인간의 두뇌 능력도 여러 가지 가설을 세우고 분류하며 추론하는 고등사고를 할 수 있게 바뀌어간 것입니다.

플린은 테드 강연에서 교육의 변화에 대해서도 언급합니다. 1910년에 오하이오주 정부가 14세 아동들을 대상으로 한 시험의 문제는 '미국 주들의 수도는 어디인가'와 같은 단순 사실을 확인하는 정도였다면, 1990년에 실시한 시험은 '주에서 가장 큰 도시들은 왜 주의 수도인 경우가 드물까?'와 같은 추상적 사고를 요하는 문제들로 이루어졌다는 것을 확인할 수 있었습니다.

플린 효과는 우리나라에서도 발견됩니다. 니젠허스[54]가 1970년과 1990년 사이에 출생한 우리나라 사람들의 IQ 변화를 분석한 결과 IQ가 10년에 7.7점씩 상승했는데, 이는 서양의 IQ 상승폭보다 3점 더 높은 숫자입니다. 니젠허스는 이러한 결과의 이유를 교사 1인당 학생 수 감소, 대학 진학률 증가

등과 같은 교육 수준의 향상을 꼽습니다.

　교육의 발전은 우리나라의 급격한 경제 성장과 떼어놓고 말할 수 없을 것 같습니다. 우리나라는 1960년대 1차 산업이 중심인 산업구조에서 현재는 상업, 금융업, 관광업, 통신업 등 3차 산업 중심으로 완전히 개편되었습니다. 그 과정에서 사회가 개인에게 요구하는 교육의 수준과 수행 능력이 좀더 복잡해지고 다양해졌습니다. 이런 상황에서 시대 흐름에 적응하기 위한 개인의 사고능력 향상은 당연한 일일지도 모르겠습니다.

　플린 효과가 우리에게 말하는 것은 단순히 IQ 지수의 상승은 아닐 것입니다. 우리는 미국 사회가 복잡하고 다양하게 발전하면서 동시에 교육이 학생의 추론 및 추상적 사고를 기를 수 있도록 변화했다는 점에 주목해야 합니다. 우리 교육도 예전에 비해 많은 발전을 보였지만, 아직까지는 학생들이 가설을 세우고 자신의 추론능력을 이용하여 깊게 사고하는 능력을 길러주기보다는 여러 가지 정보를 주고 암기력을 확인하는 쪽에 더 치중하는 것 같은 생각이 듭니다. 시대 흐름에 맞게 학생들이 단순히 암기하도록 하기보다는 가설 등을 세우고 그것을 증명하는 추상적 사고를 하고 일관성 있는 논리를 세울 수 있는 논리력을 갖추는 교육과 영재교육으로 변화하기를 기대합니다.

PART. 2

영재성은 양날의 검

"걔가 영재라고요? 요즘은 아무나 영재라고 하나봐요. 걔가 무슨 영재야…."

이는 제가 가르쳤던 아이를 아는 다른 선생님들이 제가 그 아이의 재능을 칭찬할 때 종종 듣던 말입니다. 그 이유는 이렇습니다.

"걔는 딱 그것만 잘해요. 딴 건 엉망이에요."

"걔는 그걸 잘하긴 하는데, 좀 까칠해요."

"걔가요? 저는 모르겠던데…."

"걔는 진짜 게을러요. 숙제를 해온 적이 손에 꼽을 정도로 적다니까요."

"걔는 좀 겁쟁이예요. 잘하는 것만 하려고 해요."

"걔는 약간 마이웨이죠. 주변 신경을 안 써요."

"걔는 산만하고 태도가 별로예요."

PART. 1에서 보았듯 모든 영재가 항상 모든 방면에서 뛰어나 우수한 성적을 받고, 교우관계가 훌륭하며, 학교생활을 행복하게 하는 것은 아닙니다. 어떤 아이들은 최소 한 가지 방면에 뛰어난 성취를 보여 다른 것은 못하더라도 영재로 인정받지만 잠재 영재 중에는 영재성이 그들의 예민함, 미성취, 능력 숨기기, 미루기, 고립된 교우관계 등에 가려 보이지 않는 경우도 있습니다. 그중에는 일부러 영재성 계발을 포기하거나 자신의 영재성을 숨기기도 하며, 스스로 사회적 관계를 단절하는 경우도 있습니다. 왜 그러는 걸까요?

CHAPTER. 01

걔가 무슨 영재야?

1. 걔는 뭘 잘하지도 않잖아 - 미성취

1) 재능은 있는데 노력을 안 한다는 그 아이

교실에는 우리가 이른바 말하는 엄마 친구 아들 또는 엄마 친구 딸처럼 성적이 우수하고 행동이 단정하며 바른말을 쓰고 교우관계가 좋은 아이들이 늘 한 명씩은 있습니다. 엄친아, 엄친딸 말고도 교실에 꼭 있는 아이들인데 그들은 '걔는 머리는 좋은데 또는 재능은 있는데 노력을 안 해'라는 말을 주변으로부터 늘 듣는 아이들입니다. 타고난 잠재력에 비해 노력이나 성취가 부족한 이 아이들을 우리는 '미성취영재'라고 부릅니다. 레이스와 맥코치[1]의 미성취영재 정의가 널리 사용되는데 그들은 '미성취영재는 기대되는 잠재능력과 실제 성취에 큰 차이 severe discrepancy를 보이는 아이들이다'라고 설명했습니다.

제가 잘 아는 미성취영재 한 명을 소개하겠습니다. 이 학생은 공부를 좋아해본 적이 없습니다. 수업 시간에 늘 몽상을 하거나 잡담을 하다가 선생님에게 지적을 받곤 했으며 담임선생님은 성적표에 '주위가 산만하다'고 적었습니다. 초·중·고등학교를 통틀어 교과서, 만화책 외에 읽은 책은 5권이 채 되지 않아서 독해 능력이 한참 떨어졌고 국어 성적도 그저 그랬습니다. 종합학원은 중학교 때 한 번 다녔는데 성적이 학원을 다녔을 때와 다니지 않았을 때 별 차이가 없어서 그만두었습니다. 단과학원은 고등학교 때 한 번 다녔는데 학원에 가는 게 귀찮아서 한두 달 만에 그만두었습니다.

이 학생이 고3 이전까지 학교에서 있는 시간을 제외하고 따로 공부한 시간이 시험기간을 포함해서 하루에 한 시간도 되지 않았습니다. 30분 이상 집중하지 못했으며 따로 취미가 있지도 않았습니다. 고등학교 1, 2학년 때는 심각하게 컴퓨터 게임에 빠졌는데 심할 때는 하루에 5시간이 넘어 일상생활에 지장이 있을 정도였습니다. 부모님으로부터 성적이나 게임에 대해 꾸지람을 들은 적은 없었습니다.

이 학생의 성적은 수학을 제외하고는 아주 좋지도 나쁘지도 않은 그냥 그런 편이었고, 평균 점수는 중·고등학교 내내 단한 번도 90점을 넘어본 적이 없습니다. 별로 공부하지 않고도 반에서 10등 정도면 됐다고 스스로 위안했지만 어딘지 모르게 늘 불만족하는 것처럼 보였습니다.

2) 안 하는 걸까, 못하는 걸까?

이미 눈치챈 분도 있겠지만 앞의 내용은 제 이야기입니다. 당시에 저는 제가 '영재'라고도, '미성취'하고 있다고도 생각해본 적이 없었습니다. 딱히 잘하는 게 없었기 때문에 영재라고 생각하지 않았고, 성적도 어디 가서 공부 못한다는 말을 들을 정도는 아니었기 때문에 미성취 또한 아니라고 생각했습니다. 다만 '내 능력에 비해 못하고 있다'는 생각은 늘 했습니다. 그렇다고 해서 뭘 또 열심히 하려는 의욕이 있는 것도 아니었습니다.

놀라운 것은 선생님이 되고 나서 보니, 교실에 어렸을 때 저와 같은 아이들이 생각보다 많다는 사실이었습니다. 그럼에도 그 아이들, 학부모님들, 학교 모두 이 사실에 크게 관심을 두지 않았는데 그 이유는 당시 저처럼 성적이 어쨌거나 그렇게 나쁘지는 않았기 때문입니다. 모리슨과 리자[2] 역시 교사들이 영재들의 미성취를 간과하는 경향이 있는데, 그 이유는 그들이 어쨌거나 평균 이상의 성취도를 보이기 때문에 이를 문제 삼지 않는다고 지적합니다.

영재가 미성취하는 이유에는 여러 가지가 있는데 크게 타고난 이유, 개인적 이유, 그리고 환경적 이유를 들 수 있습니다. 그리고 환경적 이유에는 다시 학교와 가족의 영향 등이 있습니다.

타고난 이유: 주의력결핍과잉행동장애Attention Deficit Hyperactivity Disorder, ADHD나 자폐, 틱장애 등이 학업 성취나 배움을 방해하는 경우를 말합니다.[3] 이들은 장애와 영재성을 함께 지녀 이중영재라고 불리며, 영재성이 장애나 문제행동에 가려져 교사가 영재성을 판별하기 어려운 경우가 많고,[4] 부족한 정리능력, 학교 과제 수행의 어려움, 일관성이 없는 능력 발현에서 오는 좌절감 등이 이들이 흔히 겪는 어려움입니다.[5]

개인적 이유: 학교나 교사에 대한 부정적 태도, 자신의 학업에 대한 동기, 조절 능력 및 목적의식의 부족[6] 등은 영재들의 미성취에 영향을 미칩니다. 영재의 미성취가 그들의 창의성에서 비롯한다고 주장하는 학자들도 있습니다. 클락[7]은 영재의 여러 분야에 대한 지대한 관심이 영재의 미성취에 영향이 있을 수 있다고 하였으며 데이비스와 림[8]은 영재가 학업에서 미성취하는 것을 합리화하기 위해 학업 외 활동에 몰입할 수도 있다고 주장했습니다. 국내 초등 미성취영재를 대상으로 한

연구[9]에 따르면 미성취영재의 낮은 자아개념, 지나친 민감성, 부족한 자기 조절 능력, 좋고 싫음이 지나친 태도 등이 영재 성취의 방해요소가 됩니다.

학교의 영향: 융통성 없는 학교 시스템, 교사의 타성에 박힌 태도매너리즘, 학생의 미성취에 무관심한 학교의 태도[10] 등은 영재의 학교 적응과 학업 성취에 부정적 영향을 미칩니다. 영재에 대한 교사의 이해 부족도 영재가 학교에서 적응하는 것을 어렵게 만듭니다. 헬러[11]의 연구에 참여한 대다수 교사들이 영재의 특성을 잘 알지 못하며 영재를 가르치는 것에 대해 준비되지 않은 것 같은 느낌을 받는다고 응답하였습니다. 국내의 한 연구자에 따르면[12] 교사의 영재에 대한 낙인산만. 집중력 부족, 자기중심적, 잠재적 능력에 대한 평가절하, 영재의 지적 욕구를 충족하지 못하는 학교 교육과정 등이 미성취 요소로 작용합니다.

가정의 영향: 미성취영재와 성취영재의 가정환경을 비교한 연구[13]에 따르면 미성취영재 부모의 양육방식이 비일관적이거나 가정불화가 심각했으며, 부모가 자녀 교육에 관심이 없는 태도를 보이는 경향이 있었습니다. 이러한 내용은 미성취영재를 대상으로 한 한국 내 연구에서도 확인됩니다. 음악 미성취영재를 대상으로 한 연구[14]에 따르면 미성취영재의 부모

들은 자녀들의 성취에 관여하는 정도가 낮았으며 음악 전공을 경제적 이유로 반대하는 경우가 많아 자녀에게 정서적 지지를 보내지 못하고 있었습니다.

이러한 연구[15]에 따르면 미성취영재의 부모는 자녀 능력에 무관심했으며, 자녀 능력을 당연시하거나 특별한 것으로 받아들이지 않았습니다. 성적이 낮은 경우 자녀에게 영재성이 있다고 판단하지 않았고, 순종적이고 모범적인 형제와 부정적으로 비교하는 경우가 잦았으며, 양육 태도가 일치하지 않거나 비일관적인 모습을 보였습니다. 또한 자녀의 미성취에 대한 문제의식이나 해결의지가 부족한 것으로 나타났습니다.

앞서 오해 3에서 가네의 차별화모형을 소개했다시피 영재의 재능발현에서 환경요인은 절대 배제할 수 없습니다. 영재가 학교생활에 성실하지 못한 것, 가정·학교 환경이 지지적이지 못한 것 중 어느 쪽이 먼저인지는 상황에 따라 다르지만 저는 일반적으로 지지적이지 않고 무심하거나 불안한 가정환경 ···▸ 영재의 낮은 자아개념 및 조절 능력 ···▸ 교사의 영재에 대한 부정적 태도로 이어진다고 생각합니다. 그리고 교사의 부정적 태도는 다시 영재의 자존감과 학업 성취도에 부정적 영향을 미치며, 이것이 교사의 부정적 태도로 이어지는 악순환이 계속됩니다.[16]

영재가 일부러 미성취함으로써 지루한 학교생활에 대한 불만을 표출하기도 합니다. 학교를 그만둔 영재 14명을 대상으로 한 연구에 따르면 참가자 모두가 교사로부터 이해받는다고 느낀 적이 없었다고 응답했으며, 학교에서 자신들이 할 수 있는 일이 없다고 느꼈다고 토로하였습니다.[17] 이들은 학교의 커리큘럼이 자신들의 지적 욕구를 자극할 만큼 흥미롭지 않았으며, 학교는 이런 부분에 크게 관심이 없었다고 주장[18]했습니다. 레이스는 이러한 이유로 자발적으로 미성취하는 영재들을 '자존심을 지키는 포기dropping out with dignity'라는 용어를 써서 설명합니다. 이들은 무력감을 '자발적으로 미성취'함으로써 표출하는 것입니다.

3) 영재의 미성취가 미치는 악영향

미성취영재가 환경에 의해 못하는 것이든, 환경에 대한 불만으로 안 하는 것이든 간에 그들의 미성취는 학업적 미성취에서 그치는 것이 아니라 그들의 정서와 태도에 부정적 영향을 미치게 됩니다. 레이스와 맥코치[19]는 여러 연구에서 나타난 미성취영재의 특성을 다음과 같이 표로 정리하였습니다.(p. 159)

4) 영재의 미성취에 대처하는 우리의 자세

앞서 살핀 영재의 미성취에 영향을 미치는 원인들에서 우리는 공통점을 찾을 수 있었습니다. 그것은 바로 '무관심'입니다. 그

미성취영재의 특성

성격적 특성	• 낮은 자존감, 자아개념, 자기효능감 • 스스로 고립 또는 하던 일의 포기, 불신하거나 비관적 • 불안, 충동적, 부주의, 지나치게 활동적이거나 산만 　…→주의력결핍장애ADD나 주의력결핍과잉행동장애 　ADHD를 보일 가능성 • 공격적, 적대적, 화를 잘 내며 과민함 • 우울 • 수동적 공격성향(일 미루기, 화를 다른 방식으로 표출 등) • 학업보다 교우관계에 치중, 미성취영재 중에는 외향적 　이거나 교우관계가 원만하며, 배려하고 자신을 뽐내지 　않는 경우도 있음 • 독립적임, 성취하는 학생들(high achievers)보다는 회복탄 　력성이 떨어짐 • 사회성 부족
미성취의 간접 영향	• 실패에 대한 두려움(미성취영재들은 자신의 자존감을 보호하 　기 위해 경쟁이나 도전적 과제를 피하는 경우가 있음) • 성공에 대한 두려움 • 성공이나 실패 이유를 외부로 돌림 • 학교에 대한 부정적 태도 • 사회에 대해 부정적이며 반항적임 • 자기비판적이거나 완벽주의 경향(다른 사람들의 기대치에 　미치지 못함에 대해 죄책감을 느낌)
잘 못하는 일	• 꼼꼼함이나 수렴적 사고를 요하는 일을 잘해내지 못함 • 숫자, 문장, 코딩, 계산, 스펠링 등 반복적으로 해야 하는 　일을 잘 못함
부적절한 대응능력	• 비현실적 목표 설정 • 부족한 대응능력(단기 스트레스 감소를 위한 대응기제는 발전 　시키지만 궁극적으로 장기 성공에는 방해가 됨) • 부족한 자기조절능력(좌절감을 잘 못 견뎌하며 인내심이 부족) • 방어기제의 사용
긍정적 특성	• 외부 관심사에 열정적, 자신이 선택한 일을 열심히 함 • 창의적

들의 재능에 대한 무관심, 그로부터 비롯하는 불만 행동에 대한 가정과 학교, 사회의 무관심이 그들의 미성취를 조장하고 방관합니다. 햇빛과 물을 충분히 주지 않으면서 '좋은 싹이라면 알아서 트는 거야'라고 할 수 없겠지요.

미성취영재에 대한 낙인은 무관심만큼이나 영재의 재능 계발에 부정적 영향을 미칩니다. 영재성 계발에서 환경의 중요성에 대한 강조가 '걔는 역시 환경가정배경이 그래'라는 낙인으로 쓰이는 것이 아니라 '우리는 그 아이에게 좋은 환경을 제공해 주어야 해'라는 분위기를 조성할 수 있도록 해야 합니다.

우리가 영재를 비롯한 모든 아이에게 충분한 관심을 주기에는 현실적인 어려움이 많다는 것을 잘 알고 있습니다. 많은 부모님이 늦은 시간까지 일을 하거나 신경 써야 할 다른 자녀들이 있고, 자녀의 재능 계발을 위한 교육에 충분히 비용을 투자할 만큼 경제적 상황이 여의치 않다는 점을 이해합니다. 선생님들은 학기초부터 학기말까지 짜여 있는 커리큘럼을 따라가기에도 벅차고 각종 공문서 처리 등 여러 가지 사무로 바쁘다는 점도 알고 있습니다. 그럼에도 저는 우리가 아이들에게 최소한 관심을 가지려는 노력이라도 해야 한다고 생각합니다.

자녀가 있다면 혹시 우리 아이가 좋아하는 것, 잘하는 것을 종류에 상관없이 세 개씩 나열할 수 있나요? 담임선생님이라면 우리 반 아이들의 이름과 각각의 아이들이 좋아하는 것과 잘하는 것 하나씩을 나열할 수 있나요? 꼭 학원을 보내고, 아이들의 성적을 올리게 하는 것만이 관심을 의미하는 것은 아닙니다. 아이들과 대화하고 관찰하고 칭찬함으로써 아이들의 관심사와 영재성에 최소한의 관심이라도 주어 아이들의 싹에 물을 적셔주는 것입니다. 그렇게 조금이라도 물을 머금은 다음에야 아이들은 싹을 틔우고 영재성이 자라날 수 있도록 노력할 수 있게 됩니다.

반짝반짝 빛나는 ○○○초 4학년 4반 예쁜이들에게.

애들아 안녕? 담임선생님이야. 어린이날은 잘 지냈니? 가족과 여행을 갔거나 맛있는 걸 사먹었거나 멋진 선물을 받았거나… 어떤 것이든 가족과 즐거운 시간 보냈을 거라 생각해.

선생님이 갑자기 펜을 든 이유는 운동회날 싸우지 않고 서로 협동하며 멋진 결과를 이루어낸 4학년 4반 친구들을 보면서 너무나도 대견했고 자랑스러워서 칭찬하기 위해서란다. 그날도 칭찬을 하기는 했지만 선생님이 칭찬을 잘 안 해주신다며 귀여운 푸념을 하는 친구들이 몇 있어서란다(푸념이 무슨 말인지 궁금하지? 찾아봐~).

선생님 나름대로는 늘 너희의 장점을 찾아 많이 칭찬한다고 생각했는데 그래도 너희에게는 많이 부족했구나 하는 생각이 들었어.

그래서 너희를 이 편지에서 듬~뿍~ 칭찬하려고 해. 편지에 쓰는 거니까 이제 '선생님이 칭찬 안 해주셨어요~'라는 말은 못하겠지? ^^ 증거자료라구!!

칭찬 순서는 여학생부터 가나다순이야(출석번호). 왜 여학생부터냐구? 늘 많은 순서들이 남학생부터라 이것만큼은 여학생이 먼저 왔으면 해서~ 사실은 그냥 골라봤어^^;; 너무 의미 두지 말길 바라.

그림도 잘 그리고 특히 사회숙제를 참 잘하는 나연이.

책 많이 읽고 생각노트 정리를 정~말 잘하는 주영이.

늘 주변 친구를 챙기고 착한 일에 앞장서는 강희.

번뜩이는 아이디어가 가득하고 클라리넷도 잘 연주하는 은재.

악기 연주도 잘하고 통통 튀는 개성이 있는 진이.

마이더스의 손처럼 그리고 만드는 데에 소질이 있는 연우.

늘 밝은 웃음으로 주변 사람을 즐겁게 만드는 소정이.

아나운서 같은 목소리로 멋지게 책을 읽는 승연이.

아침, 방과 후에 누구보다도 예의바르게 인사하는 윤지.

글쓰기, 그림그리기, 태권도 등 다재다능한 준서.

달리기는 씩씩하게, 노래는 멋지게, 체육과 음악을 잘하는 가은이.

플래너와 일기를 정성스럽게 쓰는 선아(지난번 칭찬 사인을 선생님이 한 개 더 해주셨다며 플래너를 가져와서 이야기할 때 얼마나 예뻤는지 몰라).

말을 조리 있게 잘하는 은빈이(회장 당선소감을 차분하고 당차게 말하는 너의 모습이 참 멋졌단다).

가은이와 함께 우리 반 대표 달리기 선수, 그리고 줄넘기까지 잘하는 지우.

큰 목소리로 개성 있게 자신의 생각을 말하는 은진이.

우리 반의 카리스마 리더십의 소유자 민수(승패를 멋지게 인정하는 네 모습이 인상적이었어).

늘 바르고 친구를 돕는 영찬이(지웅이를 위해 입고 온 티셔츠를 양보하는 영찬이가 참 대견했어).

책을 좋아하고 노래도 잘하고 악기도 잘 연주하는 경진이.

발표도 잘하고 수업시간에 집중하고 적극적으로 참여하는 여유.

축구를 정말 좋아하고 창의적인 아이디어가 넘치는 재현이.

우리 반 아이들의 웃음을 책임지는 지웅이.

태권도도 잘하고 늘 밝은 웃음 잃지 않는 일강이.

친구를 좋아하고 모든 일에 진심을 다하는 노아(노아야, 사람에게서 진실함이 보인다는 것이 얼마나 큰 장점인지 조금 더 크면 알게 될 거야).

수학시간에 그 누구보다 집중하고 발표도 잘하는 헌영이.

관심사가 많고 좋아하는 일에 집중하는 홍빈이.

축구를 너무너무 좋아하고 잘하는 민이.

발표도 잘하고 학급 일에 적극적으로 나서는 규락이.

선생님이 아플 때 진심으로 걱정해주는 (사실은^^) 따뜻한 마음을 지닌 대협이.

한자, 어려운 단어는 내가 상대하마! 어휘력이 상당한 태훈이(그리고 젠가 실력도^^).

그런데 그거 아니? 예전에 EBS에서 실험을 했었어. 두 그룹으로 나누어서 한 그룹의 아이들에게는 계속해서(못 해도) 칭찬하고 한 그룹의 아이들은 필요할 때만 칭찬했어. 그리고 어떤 문제를 풀게 했지. 결과가 어떻게 되었을까? 계속 칭찬만 받은 친구들은 칭찬을 받지 못할까봐 부담스러워서 선생님이 자리를 비운 사이에 컨닝을 했단다. 반면 필요할 때 칭찬받은 아이들은 못 풀더라도 끝까지 노력하고 부족한 부분은 인정해서 다음을 기약했단다.

지난번 국어시간에 "해달라는 걸 다 해주면 아이를 망쳐요"라고 너희가 말했던 거 기억나니? 선생님이 무조건 칭찬을 하지 않는 이유는 너희가 칭찬에 익숙해져 늘 칭찬받기를 기대하고 실패를 부담스러워할까 해서란다. 선생님이 했던 약속 기억나니? 숙제를 하지 않으면 벌을 주지는 않지만 해온 친구들에게는 칭찬해줄 거라는 약속 말이야. 그래서 사회숙제나 수학숙제를 하면 칭찬 사인을 해주는 거란다.

그러니까 얘들아, 아무것도 하지 않고 늘 칭찬받기를 기대하는 건 결국 너희를 위해 좋지 않을지도 몰라. 선생님은 너희가 노력하고, 친구를 돕고, 결과에 상관없이 과정에 최선을 다하는 모습을 보이면 아낌없이 칭찬할 거란다. 내가 한 만큼만 기대하기! 약속할 수 있니?

요새 날씨가 많이 따뜻해졌지? 멋진 날씨 마음껏 즐기렴.^^ 선생님은 이만 줄일게. 안녕~

2014년 5월 따뜻한 봄날에.
너희를 사랑하는 4학년 4반 우희진 담임선생님이.

5) 한때 미성취자였던 성취영재

지금까지 이 책을 읽은 분들 중에는 '그래, 역시 환경이 중요해. 내가 할 수 있는 게 없어'라고 생각하는 분들이 있을지도 모르겠습니다. 그렇지 않습니다. 어려운 환경 속에서 미성취하고 있거나 미성취한 상태로 좌절감과 함께 성인이 된 분들이 이 책을 읽고 공감한다면 그건 제 책의 이야기가 자기 이야기이고 그래서 관심이 있기 때문일 것입니다. 미성취에서 벗어나는 일은 작은 관심으로 시작됩니다.

여러분의 어려운 상황들이 살아오면서 본인의 영재성 발휘를 막는 큰 장애요소로 작용했을지라도, 우리가 언제까지나 주변 상황만 탓하고 한탄하며 정체되어 있기에는 우리의 시간과 인생이 너무나도 소중합니다. 그런 의미에서 제가 소개하는, 미국 퍼듀 대학교 피터슨[20]이 쓴 〈한때 미성취자였던 성인 성취자들Successful adults who were once adolescent underachievers〉이라는 논문이 여러분으로 하여금 미성취감에서 벗어나 스스로 재능을 인정하고 소중하게 가꿀 수 있게 되는 데에 도움이 되면 좋겠습니다.

이 연구의 대상자는 '학업적 미성취'와 관련한 교사 워크숍에 참석한 교육 관련 종사자들 가운데 25세 이상이고, 본인이 어린 시절 재능이 뛰어났으나 학업적 미성취를 했으며, 현재 성인으로서 학업적 성공을 거두었다고 응답한 여성 21명, 남성 10명, 총 31명이었습니다. 연구자는 나이 제한을 둔 이유로 '성공'이라는 말을 하기 위해서는 일정 기간 지속이 필요하기 때문이며, 참가자들에게 '영재'라는 단어를 사용하지 않은 이유는 참가자가 청소년이었을 당시 영재교육 프로그램이 존재하지 않았을 가능성이 있어서 그랬다고 설명하였습니다. 연구자가 성취 기준으로 상위 10% 내라는 기준을 주기는 하였으나 미성취나 성취를 했다고 판단하는 것은 참여자의 자의적 판단으로 결정되었습니다.

이들이 어떻게 미성취를 하기 시작했고 어떻게 미성취가 지속되었는지는 앞서 살핀 미성취 원인에서 크게 벗어나지 않습니다. 응답자의 절반 이상이 부모가 자신의 영재성에 관심이 없었고, 학업적 지지가 부족했으며, 가족 내에 심각한 불화가 있었다고 하였습니다10점 만점에 8점 이상의 불화 정도. 연구 참가자들은 부모, 교사 모두 자신의 성취, 미성취 여부와 상관없이 관심과 지지를 보이지 않았으며 자신을 반항아로 오해하곤 했다고 회고했습니다. 당시 선생님, 부모를 비롯한 어른들에게 바랐던 점에 대한 질문에는 '관심, 가이드인도, 격려, 지지 및 인정'이라고 답하였습니다. 미성취가 어떻게 시작되었냐는 질문에는 가족 갈등, 부모님의 실제적·정서적 부재, 어려웠던 경제상황 등을 이야기했으며 따분한 학교생활, 교사와 갈등 등을 학교 요인으로 지적하였습니다.

연구자는 연구 참가자들의 학업적 미성취가 성취로 전환되는 계기로 정서적 성숙 등의 자기 발전, 학업의 전환대학교나 대학원 진학, 주거 장소의 전환 등 크게 세 가지를 제시합니다. 참가자들은 자신을 둘러싼 환경이 안정적이지 못했기 때문에 독립적으로 자기가 처한 상황을 분석하고 대안을 찾는 등 문제해결능력을 길렀다고 응답하였습니다. 연구자는 이들의 이러한 습관이 도전하고, 독립적이며, 집념이 강하고, 확고하며 단호한 성격을 가질 수 있게 만들었을 것이라고 분석했습니다.

또한 연구자는 참가자들 일부의 유머, 사교성 같은 외향적 성격 특성이 이들로 하여금 가족, 학교를 제외한 외부 도움을 받는 데에 유용했을 수도 있다고 설명합니다. 종합하면, 연구에 참여한 이들은 한때 학업적으로 미성취했으나 이후에 성취한 성인들은 어려운 상황으로부터 자신을 정서적·신체적으로 분리하였고, 자신에 대한 깊은 이해를 바탕으로 회복탄력성resilience을 길러 어려움을 극복하였습니다.

위 논문의 참가자 55%가 20대 후반에 자신의 진로를 찾았다고 하였으며, 16%는 40세가 될 때까지 삶의 방향을 찾지 못했다고 답했습니다. 소설 《나미야 잡화점의 기적》을 쓴 히가시노 게이고는 27세에 첫 소설을 출판하기 전까지 회사에 다녔으며, 소설가 무라카미 하루키는 《직업으로서의 소설가》라는 책에서 29세에 야구를 보다가 소설을 쓰기로 결심하고 30세에 첫 소설을 썼다고 밝혔습니다. 때로 하던 일과 맞지 않아 늦은 나이에 진로를 바꾸거나 성취가 늦은 사람들이 있습니다. 괜찮습니다.

혹시 여러분이 어려운 시간을 보내느라 성취가 늦어지고 미뤄졌다면 그 상황을 진심으로 이해합니다. 그 상황에서 좌절감을 느꼈다면 그것도 이해합니다. 혹시 잘못된 방향으로 가고 있다고 느껴진다면 괜찮다는 말을 하고 싶습니다. 영화 〈폴라 익스프레스The Polar Express〉로버트 저메키스 감독. 2004에 이런 명언이 나오지요.

"열차가 어디로 가는지가 중요한 게 아니라 네가 탈지를 결정하는 게 중요한 거야."

자신의 잠재력에 대한 믿음과 함께 시작하는 용기를 낼 수 있기를… 응원하겠습니다.

2. 걔는 너무 까칠해 - 예민함

1) 예민한 영재

새로운 학년, 새로운 반에서 새 친구들과 선생님을 만나는 것은 많은 학생을 들뜨게 하는 일입니다. 3월이 되어 교실에 들어서면 아이들은 서로 작년에 몇 반이었는지, 누구를 아는지를 물어보면서 조금씩 친해집니다. 대부분 아이들은 선생님 근처를 서성거리며 새로운 선생님에 대해서도 알고 싶어 하고 자신이 어떤 학생인지 알려주려고 합니다. 모두가 그렇게 조금씩 친해질 때 한 주, 두 주가 지나도 주변을 경계하며 불편해 보이는 학생이 한 반에 꼭 한 명은 있습니다.

우리 반이었던 학생 한 명은 한 달 내내 지각했는데 그 이유는 새로운 반에 적응하기 어려워 학교에 가기 싫다고 엄마와 실랑이를 하는 일이 잦았기 때문입니다. 이 학생은 이후에 저와 반 아이들이 이해하고 배려해주자 스스로도 노력하여 점차 나아졌으나, 매번 바뀌는 짝이 하는 말과 행동에 힘들어 하는 경우가 많았습니다.

또 다른 학생은 학기 초 일기에 '작년이 그립다. 작년 선생님, 친구들 모두…'라고 써서 저를 한참 고민하게 만들기도 했습니다. 이 학생도 시간이 가면서 적응하고 나아졌으나 부모님과 떨어져야 하는 수련회, 스키캠프 등 새로운 상황을 극도로 무서워했는데, 이런 곳에 가지 않게 되면 친구들과 멀어질까봐 이러지도 저러지도 못하며 출발 시간이 다가올수록 불안해하곤 했습니다. 그런데 이 두 학생은 미술에 특별한 소질이 있었습니다.

눈에 띄게 예민함이 드러나는 아이들이 있는 반면 크게 눈에 띄지 않는 아이들도 있습니다. 이 아이들은 자신의 정서적 예민함을 다른 아이들을 이해하고 돕는 데 쓰는 편이어서 다른 아이들의 신뢰나 호감을 얻는 경우가 많았습니다. 이러한 사실 때문에 종종 이 아이들은 불편한 상황에서도 '노'라고 말하기 어려워합니다. 불만인 상황을 표현하지 못한다는 사실은 이 아이들에게 불편한 상황만큼이나 불쾌한 일입니다. 저는 이러한 아이들을 각 교실에서 최소 한 명은 늘 보았고 주로 우리가 '모범생'이라고 하는 학생들인 경우가 많았습니다.

한 예로, 우리 반 회장을 맡은 아이가 있었는데 다른 아이들이 이 아이 말을 따르지 않아 꽤 힘들어하는 모습을 자주 보았습니다. 저는 이 아이가 다른 아이들과 갈등을 일으키는 것을 일 년 내내 본 적이 없습니다. 이 아이가 완벽한 성인군자이거나 감정이 없는 아이였을 리가 없습니다. 오히려 반대로 감정적으로 너무나도 예민해서 다른 아이들에게 상처 줄 수 있는 말을 전혀 하지 않았습니다. 이 아이는 영화와 야구를 좋아하며 여러 과목을 두루 잘했습니다.

미국 국제영재아동교육연합 홈페이지www.nagc.org의 '영재의 특성' 페이지에서 '정서적 특성'을 보면, 첫 번째 설명이 '깊고 강렬한 감정을 보임'이고 두 번째가 '다른 사람들의 감정을 예민하게 받아들이거나 공감함'입니다. 영재의 특성, 특히 정서적 특성을 다룬 논문에서 빠짐없이 등장하는 단어가 바로 '민감함sensitiveness'입니다. 과흥분성overexcitability은 폴란드의 심리학자 다브로프스키Dabrowski가 소개한 개념으로, 영재들에게 많이 나타나는 것으로 알려져 있습니다.

과흥분성은 크게 다섯 가지로 나뉘는데, 그중 두 가지가 바로 정서적emotional 그리고 감각적sensual 민감성입니다. 두 민감성의 특징은 아래의 표와 같습니다.

	정서적 민감성	감각적 민감성
정의	강렬하고 생생하게 감정을 느끼거나 인지	시각, 청각, 후각, 미각, 촉각의 오감과 관련하여 민감하게 반응
특징	감정의 억제(수줍어함, 어색해함), 흥분·열정, 감정과 관련된(죽음, 공포, 불안, 우울 등과 같은 주로 부정적인) 과거 일들을 강하고 생생하게 기억함. 때에 따라 과한 수치심과 자책감, 다른 사람 감정을 느끼고 이해, 공감함, 타인과 깊은 정서적 유대감	심미적인 것에 관심, 오염된 것을 못 참음. 음식의 특정 냄새, 맛, 식감에 민감하게 반응, 옷의 상표 등 불편한 촉각을 못 견뎌함, 편안함을 추구하는 욕구

* 베인브리지(Bainbridge)와 오코너(O'Connor)[21]의 내용을 표로 정리

이러한 이유로 저는 사람들을 만날 때 그들의 예민함을 먼저 살핍니다. 영재의 예민함은 재능과 불가분의 관계로 늘 함께 다니기 때문에 예민함이 있다면 그들에게 영재성이 있을 가능성이 크기 때문입니다. 모든 예민한 사람이 영재는 아닙니다. 하지만 모든 영재는 개인에 따라 정도 차를 보이지만 예민한 특성을 나타냅니다. 감정적으로 예민한 영재들은 주변에서 일어나는 일들을 강렬하게 받아들이며, 감당하기 어려운 일들이 한꺼번에 몰려오는 경우 감정을 완전히 차단하거나 정서적으로 폭발하는 등 감정 표현과 조절에 어려움을 겪기도 합니다.

지금까지 살핀 바에 따르면 영재들은 정서적·감각적으로 쉽게 피곤해지는 것 같습니다. 영재의 이러한 모습은 우리에게, 영재에게 단지 '피곤함'을 안겨줄 뿐일까요? 그렇지 않습니다. 앞서 말씀드렸듯, 이들의 예민함은 빛나는 재능과 늘 같이 다닙니다.

2) 예민함의 힘

정물화를 그리기로 한 어느 미술 시간, 많은 아이가 뭘 그려야 할지 몰라 해서 저는 제 책상에 있는 물건들을 되는대로 집어서 아이들에게 주었습니다. 스테이플러, 분무기, 연필꽂이 등을 다 주고도 물건이 부족해 두리번거리던 때 마침 비타민 음료 박스가 눈에 들어왔습니다. 8명 정도 아이가 비타민 음료를 가져갔고, 한 아이를 제외한 대부분 아이들은 갈색만을 이용해 병을 그렸습니다. 그 한 아이는 갈색 병에서 빨간색을 보고, 흰색을 보고, 좀더 옅은 갈색, 진한 갈색, 검은색을 보았습니다. 그리고 그 색들을 잘 배치하여 평면의 도화지에 마치 둥근 비타민 음료가 실제로 있는 듯 그려냈습니다. 이 아이는 사물을 관찰할 때, 같은 색이라도 빛을 받는 위치에 따라 다르게 보이는 그 미묘한 차이를 구분할 수 있었던 것입니다. 이 아이는 앞에서 학교에 가기 싫다며 지각이 잦았던 그 아이입니다. 색의 차이를 민감하게 구별해내는 것뿐 아니라 사물을 면밀히 관찰하여 디테일까지도 그려내는 재능이 있었습니다.

예민함은 미술뿐 아니라 음악, 스포츠 등 다양한 영역에서도 그 힘을 발휘합니다. 〈영재발굴단〉에 나왔던 7세 꼬마 바이올리니스트는 일상생활에서 들리는 모든 소리를 바이올린으로 연주할 수 있었습니다. 우리가 그냥 지나가는 소리들에서 음과 멜로디를 찾아내는 귀의 예민함은 이 아이가 소리의 강약, 음악의 빠르기, 음의 높낮이 등의 미묘한 차이를 감지하고 자신의 방식으로 표현할 수 있게 해줍니다. 상대를 공격하여 점수를 얻는 펜싱, 태권도, 유도, 레슬링 등의 운동을 잘하기 위해서는 상대의 움직임을 기민하게 읽고 예측·대응할 수 있어야 합니다.

언어에 예민함이 있는 아이들은 '상태'와 '상황'이라는 단어가 어떻게 다른지 구별하고 쓰임에 맞게 사용합니다. 그 아이들은 내리는 비를 보며 자신의 감정을 말할 수 있고, 따뜻한 물병을 만지면서 추운 겨울날 따뜻한 손난로가 주었던 온기를 떠올리고 글로 표현해냅니다. 수학에 예민함이 있는 아이들은 차 번호판에 같은 숫자가 연속해서 두 번, 세 번, 네 번 나올 확률을 생각해보고, 화장실의 타일이 어떤 패턴으로 배열되어 있는지 관찰합니다. 과학적 민감성이 있는 아이는 왜 차가운 물을 담은 컵 표면에 물방울이 맺히는지, 왜 달의 모양이 매일 바뀌는지, 왜 어떤 식물은 오래 살고 어떤 식물은 그렇지 못한지, 어떻게 비행기는 새처럼 날갯짓하지 않는데 뜰 수 있는지 등을 궁금해합니다.

〈영재발굴단〉에 나왔던 곤충 영재 아동은 똑같이 생긴 것처럼 보이는 곤충이 실제로는 어떻게 다른지 상세히 설명할 수 있었습니다. 이처럼 한 영역에 대한 예민함은 우리가 그 분야에 호기심을 갖고 파고들 수 있게 만들며 그 안에서 '다름'을 창조해낼 수 있게 합니다.

3) 영재의 민감함에 대처하는 우리의 자세

민감한 영재들이 가장 많이 듣는 말이 뭘까요? 아마 '너는 너무 예민해'일 것입니다. 문제는 대부분 영재가 본인이 예민하다는 점을 알면서도 민감함을 타고났기에 조절하기가 어렵다는 것입니다. 예민했다가 둔감해지는 것이 스위치를 켜고 끄듯 쉬운 일이면 얼마나 좋을까요?

개인적 경험을 토대로 영재의 예민함에 대해 하지 말아야 할 말이나 행동과 하면 좋은 말이나 행동을 다음 표에 정리해보았습니다.

예민한 영재에게 하지 말아야 할 행동 또는 말

행동	말
영재의 민감한 반응 지적하기	'넌 좀 까칠해' '넌 너무 예민해.'
불편한 자극에 노출시키기	'너 이것도 못 참으면 어떻게 살래?'
영재의 관심사와 열정 무시하기	'대충 좀 하자' '왜 그렇게 피곤하게 생각해?' '그게 인생에 무슨 도움이 돼?'
영재의 깊은 사고 무시하기	'그냥 좀 단순하게 생각해' '넌 쓸데없는 생각이 너무 많아'

예민한 영재에게 하면 좋은 행동 또는 말

행동	말
영재의 민감함 이해하기	'어떤 점이 불편한지 이야기해줄래?' '그럴 수 있어' '괜찮아.'
불필요한 자극 없애주기, 굳이 불편한 상황에 억지로 노출시키지 않기	행동 예시: 소음에 예민한 영재를 위해 조용하게 사색할 수 있는 공간 마련해주기 또는 소음 유발 자제하기
관심 분야의 민감함에 같이 관심 가져주기	'그게 뭐야? 자세히 설명해줄래?' '이거랑 저게 어떻게 다른 거야?'
영재의 깊은 사고 장려해주기	'그렇게 되면 다음은 어떻게 되는 거야?' '이렇게 해보면 어떻게 될까?'

이러한 배려에도 혹시 영재 아동의 예민함이 다른 사람들을 불쾌하게 만들 정도로 지나치다면 사람들이 없는 곳에서 단호하게 대화하는 것도 필요하다고 생각합니다. 이는 영재의 불편함이 완전히 해소되지 않았거나, 상황의 주도권을 잡으려는 영재의 특성 때문일 수도 있습니다. 이런 경우에는 대화로 영재가 어떤 점을 불편해하는지 좀더 이해하려고 노력함과 동시에, 선을 넘는 언행에 대해서는 이유를 들어 단호히 대처하는 것이 궁극적으로 영재들을 돕는 일이라고 생각합니다. 다른 사람 입장에서 자기 행동이 어떻게 받아들여질지 생각해보게 하기, 상황상 불편함을 당장 제거할 수 없는 이유 설명해주기 등.

국어사전에서 '민감하다'를 찾아보면 '자극에 빠르게 반응을 보이거나 쉽게 영향을 받는 데가 있다'고 나오며 유의어로 '예민하다'가 있습니다. '예민하다'의 사전적 정의는 '무언가를 느끼는 능력이나 분석하고 판단하는 능력이 빠르고 뛰어나다'입니다. 영재의 예민한 특성은 영재가 주변의 영향을 많이 받게 함으로써 영재를 정서적으로 취약하게 만들 수도 있지만 한편으로는 영재가 어떤 분야에서 뛰어난 능력을 발휘하게 하는 원동력이 되기도 합니다.

이 글을 보는 많은 영재가 부디 자신의 예민함을 부끄러워하거나 억지로 숨기기보다는, 담담하게 인정하고 가까운 사람들과 공유하여 이해받고 또 다른 사람들의 예민함 역시 이해할 수 있게 되기를 바랍니다. 그리고 예민함은 자신의 능력에 날개를 달아주는 자랑스러운 것이라는 것도 항상 잊지 않았으면 좋겠습니다.

3. 개가? 잘 모르겠는데 - 능력 숨기기

1) 튀고 싶지 않은 영재 – 또래 압박 peer pressure

영화 〈파인딩 포레스터 Finding Forrester〉구스 반 산트 감독, 2000의 주인공 자말은 16세 흑인 소년으로 거주자 대부분이 흑인인 미국 브롱스의 한 동네에 살고 있습니다. 또래들과 어울려 농구하는 것을 좋아하고 잘하는 자말은 사실 책읽기와 글쓰기를 좋아하는 문학 영재입니다. 유명 작가들의 구절을 일일이 외울 정도로 책을 많이 읽지만, 수업시간에 담임선생님이 에드거 앨런 포의 시를 읽어봤냐는 질문에는 읽어본 적이 없다고 답합니다.

학교에서는 주변을 살피며 사물함에 손을 숨겨 자신의 생각을 노트에 적습니다. 전국시험 national test에서 아주 뛰어난 성적을 받아 사립학교에서 장학금과 함께 전학을 제안받지만, 자말은 자랑하기는커녕 형에게 시험 성적에 대해 다른 사람들에게 말하지 말아달라고 부탁합니다.

흑인, 히스패닉계 미국 학생들이 학업에 열중할 경우 '백인처럼 군다acting white'며 비난받는다는 연구들이 있습니다.[22] 자말이 농구 이야기만 한다며 자말의 학업재능을 의심하는 자말 어머니에게 자말의 담임선생님은 자말이 농구에 열중하는 이유는 '또래 아이들과 어울리기 위해서'라고 말합니다. 종종 영재는 영재성을 숨기거나 외부 활동에 집중함으로써 '영재는 인기가 없고 공부만 하는 따분한 사람nerd, geek'이라는 꼬리표를 피하려고 애를 씁니다.[23] 또래에게 인정받는 것을 하려는 것을 또래 압박peer pressure이라고 하며, 이것과 자신이 진짜로 추구하고 싶어 하는 것을 하려는 것 사이의 갈등을 양자택일의 딜레마forced-choice dilemma라고 합니다.[24] 또래에게 받아들여지는 것과 자신의 재능 추구 사이의 갈등은 특정 인종에 국한되지 않으며, 특히 최근에는 청소년의 페이스북, 인스타그램 등 소셜미디어 사용이 매우 흔해진 만큼 온라인에서까지 다른 친구들의 시선을 의식하는 분위기가 이러한 영재의 내적 갈등을 심화합니다.

저는 특히 초등학교 5학년 이상 아이들에게서 이러한 현상을 많이 보았습니다. 초등학교 3~4학년까지만 해도 아이들은 서로에게든 선생님에게든 자신이 얼마나 무엇을 잘하는지 보여주려고 애를 씁니다. 그런데 고학년이 될수록 많은 아이가 학업으로 주목받는 것을 꺼리며 잘 못하는 척하거나 아예 공개적으로 자신이 잘하는 것을 부정하기도 하였습니다. 이 아이들은 다른 친구들로부터 '잘난 척한다'는 말을 들을까봐 노심초사하는 것처럼 보였습니다.

청소년의 발달과업 중 하나로 꼽히는 '또래 그룹의 일원이 되기'를 통해서 아이들은 다른 친구들의 관심사를 탐색하고, 소속감을 느끼는 경험을 합니다.[25] 그렇기 때문에 초등학교 고학년은 또래 관계 문제를 매우 중요하게 받아들이며, 소속감과 편안함을 느끼기 위해 자신의 재능계발을 포기하면서까지 또래 아이들에게 받아들여지고자 하는 경우가 많습니다.

영재성 계발을 포기하고 친구들의 인정을 받는 것이 완벽하게 만족스럽다면 고민할 필요도 없겠지만, 자신의 영재성을 갈고닦지 않음으로써 영재는 미성취감을 느끼게 됩니다. 미성취는 앞서 살폈듯 이들의 가정, 학교에 대한 태도, 정신건강과 부정적 관계가 있습니다. 재능을 숨기는 영재들이 표면적으로 친구들에게는 인기가 있다 하더라도 마음 한구석에는 자신이 하는 것에 불만족스럽고 잘하고 싶은 욕구가 꿈틀거리게 됩니다.

2) 영재라는 이름의 딜레마 – 인정과 부담 사이

영재가 영재라는 꼬리표를 피하려는 이유는 꼭 또래의 압박 때문만은 아닙니다. 영재라고 불림으로써 영재는 주변, 특히 부모와 교사로부터 많은 기대를 받게 되며, 그들의 기대에 부응하지 못할까봐 부담을 느끼고 실수하는 것을 극도로 꺼립니다.[26] 국내 초등학교 5, 6학년과 중학교 1, 2학년 영재, 일반 학생 각 146명씩 총 292명을 대상으로 한 연구에 따르면 영재 학생이 일반 학생들보다 부모의 성취압력을 더 크게 느꼈으며 이는 이들의 평가 염려, 완벽주의 경향과 정적인 관계, 주관적 안녕감과 부적인 상관관계를 보였습니다.[27] 영재는 부모로부터 더 많은 기대를 받는다고 인식하는데, 이는 이들에게 '잘해야 한다'는 자극과 동시에 스트레스로 작용합니다.

영재의 이러한 심리적 압박감에도 '영재'라는 라벨이 여전히 인기가 있는 이유는 단점만큼이나 장점이 있기 때문입니다. 베를린과 콘먼[28]은 영재로 불리는 것의 장점으로 수준에 맞는 프로그램을 제공받는 것, 학교의 관심을 받음으로써 좀 더 많은 기회가 주어지는 것, 영재 프로그램에서 수준과 관심사가 맞는 또래를 만나는 것을 꼽았습니다. 만 13세에서 15세 사이의 미국 영재 14명을 대상으로 한 연구에서 영재들은 영재로 불리는 것의 장점과 단점 각각 5가지를 표와 같이 밝혔습니다. *(p.154)*[29]

긍정적인 부분	부정적인 부분
• 내적 만족(internal gratification) • 특별함, 남다름(identity, unique) • 학교에서 다른 학생보다 높은 단계를 배움 • 다른 영재 또래들과 교류 • 영재 수업에서 특별한 경험	• 부모님의 기대로 인한 부담감 • 선생님의 기대로 인한 부담감 • 또래들이 자신들을 이용함(숙제 베끼기, 모르는 것 알려달라고 조르기 등) • 영재에 대한 고정관념(따분함, 지루함 등) • 충분히 지도받지 못함(혼자서 배움 - 알아서 잘할 것이라는 기대 때문에)

* 해석을 추가했음

자녀에 대한 부모의 기대는 여러모로 딜레마가 아닐 수 없습니다. 초등학교 6학년 학생들을 대상으로 한 국내 연구에 따르면 이들이 지각한 부모의 교육 성취 기대 정도와 자기효능감, 실제 학업 성취가 정적인 상관관계를 보였습니다.[30] 영재에 대한 부모의 관심은 이들이 높은 성취를 할 수 있도록 도와주는 촉매제로 작용하는 동시에 성취에 대한 심리적 부담이 되기도 하여, 부모는 영재에게 어느 정도로 관심을 가지는 것이 맞는지를 확신하지 못하게 됩니다.

또한 영재는 부모나 주변의 인정을 갈구하면서도 부담을 덜고 싶은데 뾰족한 답이 나오지 않아 결국에는 고민을 털어놓지 못하고 속으로 앓는 경우가 많습니다. 주변에 이야기해보아도 학업적으로 성취하는 경우 '좋은 성적을 받으면서 배부른 소리를 한다'는 이야기를, 미성취하는 경우 '성적을 받지 못하는 것에 대해 변명을 한다'는 비아냥을 듣기 때문입니다.

3) 영재의 능력 숨기기에 대처하는 우리의 자세

이쯤 되면 영재를 영재라고 부르는 것이 옳은 일인지 고민하지 않을 수 없게 됩니다. 영재의 재능에 관심을 갖지 않으면 이들이 배움에 흥미를 느끼지 않고 미성취를 할 가능성이 생기고, 관심을 많이 주면 부담감을 느껴 재능을 의도적으로 숨기거나 마음을 닫을 수도 있기 때문입니다. 매슈즈[31]는 부모의 무관심과 영재라는 말의 과도한 사용 모두 영재가 '영재'라는 타이틀에 불편함을 느끼게 한다고 말합니다.

이러한 상황에서 저는 우리가 영재로 하여금 자신의 영재성을 깨닫고 성취할 수 있도록 북돋아주되, 영재라는 이름에 갇히지 않도록 하는 것을 제안합니다. 쉽게 말하면 우리가 아이의 관심사와 재능에 부단히 관심을 갖되 '너는 영재니까'라는 말로 이들에게 부담을 주지 않아야 한다는 것입니다.

저는 여러 아이를 영재교육기관에 추천한 적이 있지만 단한 번도 아이들 앞에서 '이 아이가 영재교육을 받고 있다'고 공개한 적이 없습니다. 아이 스스로 공개하더라도 '너는 영재니까'라는 말을 하지 않았으며, 그보다는 아이들의 영재성과 그것을 계발하려는 노력을 칭찬하려고 했습니다. 예를 들면 수업시간 내에 다 그리지 못한 그림을 시키지도 않았는데 남아서 끝내는 아이의 끈기를, 민첩한 움직임과 리더십으로 자신이 속한 팀의 승리를 이끌어낸 아이의 체육 재능을, 뛰어난 직관과 남다른 방법으로 문제를 풀어내는 아이의 수학 능력을, 섬세한 어휘 사용으로 감수성 넘치는 글을 써내는 능력 등을 아이들 앞에서 칭찬할지언정 아이들이 영재라는 이름의 굴레에 갇히지 않게 하려고 했습니다.

그리고 우리는 많은 영재가 성취 욕구와 또래에게 속하고 싶은 욕구 사이에서 수없이 갈등한다는 사실을 인지하고 이해해야 합니다. 이는 영재에게 선택이 쉽지 않은 딜레마로, 어느 한 방향만을 강조하거나 둘 모두를 추구하도록 강요하지 않아야 합니다. 예를 들어 아이가 또래나 부모 등 주변으로부터 정서적인 지지나 교류를 받지 못하는데 지나치게 성취를 강조하며 과하게 학원을 보낸다든지, 아이가 자신의 공간에서 조용히 집중하여 무언가를 해내고 싶은데 '그렇게 방에만 있으면 안 돼'라며 성격과 맞지 않는 활동을 강요하는 것 모두 건강한 방법은 아니라고 생각합니다. 부모, 교사는 충분한 관찰과 대화로 아이가 현재 둘성취욕구와 소속욕구 중 어떤 것을 더 추구하며 만족하는지를 예민하게 파악해야 합니다.

만약 아이가 지나치게 성취하는 데에 몰입한다고 판단되면 성취에 대한 부담을 주는 것을 줄여야 합니다다는 학원 개수 줄이기, 성적 평가하지 않기. 저는 아이들에게 제 실패사례를 공유하며 성공이나 실패에 대한 부담을 덜어주려고 하는 편입니다. 또한 성취에 몰입하는 아이의 사교성이 걱정된다면 아이가 마음이 맞는 친구와 편안한 환경에서 시간을 보낼 수 있도록 배려해 줄 것을 제안합니다.

영재는 스스로 '다르다'고 생각하기 때문에 자신의 어떤 행동이 누구에게 어떻게 받아들여질지 확신하지 못해 친구를 사귈 때도 다소 까다로운 부분이 있습니다.[32] 되도록 관심사가 맞는 친구와 함께 좋아하는 분야에 대해 토론하고 즐기며 딜레마로부터 마음의 갈등을 더는 것이 좋다고 생각합니다.

한편 아이가 또래 관계를 지나치게 신경 쓸 때 그것을 '중요하지 않은 것'으로 치부하는 것도 옳지 않다고 생각합니다. 앞서 언급한 대로 초등학교 고학년부터인 청소년 시기는 또래 관계가 무척 중요하기 때문에 이를 신경 쓰는 것은 너무나도 자연스럽고 당연합니다. 우리가 '너는 가능성은 있는데 애들이랑 어울려 다니느라 이것밖에 못한다'는 식의 평가를 하기보다는, 영재가 겪고 있는 또래 관계의 어려움을 인지하고 이해하려는 노력을 한 후에야 이들이 정서적으로 안정감을 찾아 성취에 관심을 가질 수 있게 된다고 생각합니다.

가장 중요한 것은 보이지 않아도 우리가 이들이 성취 욕구와 또래에게 받아들여지고 싶은 욕구 사이에서 무수히 갈등한다는 것을 알아야 한다는 점입니다. 앞서 오해 6에서 보았듯 영재들은 자신의 문제를 숨기는 데 능숙하기에 성적이 좋고 친구가 많아 보이는 아이들조차도 사실은 이 문제로 매우 고민할 가능성이 있습니다. 자신의 재능이나 어려움을 감추는 아이들이 있을 때 우리가 해야 할 일은 다음과 같습니다.

step 1. 그 아이들이 재능 또는 어려움을 숨긴다는 것을 인지하는 것

step 2. 부담을 주지 않는 선에서 예민한 관찰과 대화로 그러한 행동의 이유를 찾는 것

step 3. 어려움을 겪는 것이 자연스러운 일임을 아이들이 알게 하여 마음의 짐을 덜어주는 것

step 4. 어려울 때는 우리가 항상 옆에 있으니 필요할 때는 언제든지 찾아도 된다는 것을 알려주는 것

영재의 예민함이 그러하듯 '영재'라는 타이틀 또한 양면성이 있습니다. 장점과 함께 따라오는 어려운 점들을 부정하기보다는 어쩔 수 없음으로 인정하되 지나치게 강조하지 않는 것이 중요합니다. 애니매이션 영화 〈굿 다이노The Good Dinosaur〉 피터 손 감독, 2015에 명언이 나옵니다.

"두려움은 타고나는 거라 없앨 수 없어. 하지만 헤쳐 나갈 수는 있지."
"때로는 저 건너편에 있는 아름다움을 보기 위해 어려움을 겪어내야만 해."

우리의 세심한 관심과 격려로, 재능 있는 모든 아이가 성취하는 능력만큼이나 어려움을 극복해내는 회복 탄력성을 기를 수 있기를 바라며….

4. 개는 게을러 - 미루기와 완벽주의

1) 영재가 일을 미루는 진짜 이유

시험공부, 과제, 일을 하려고 하면 갑자기 하지도 않던 빨래가 눈에 보이고, 설거지와 청소가 재미있어지는 기적을 경험한 적이 있나요? 혹은 기한을 앞두고 드라마나 영화를 몰아 본 적이 있나요? 우리는 살아가면서 여러 번 해야 할 일을 미룹니다. 우리는 대체로 성취와는 거리가 먼 게으른 사람들이 미루기를 한다고 생각하지만 꼭 그런 것은 아닙니다.

제가 다닌 호주의 학교는 학기마다 과목당 크게 두 개 정도 과제가 있습니다. 각각의 과제는 영어 2,000 또는 3,000단어와 같이 분량 제한이 있고, 출판된 지 10년이 넘지 않은 논문 최소 5개에서 10개를 특정 형식에 맞게 인용해야 하는 등 까다로운 조건이 있는 경우가 많습니다. 학부 학생들은 학기당 세 과목 또는 네 과목을 듣기 때문에 해야 할 과제는 총 6~8개 정도가 되어 매주 과제를 부지런히 하지 않으면 나중에 따라잡기가 어려워집니다.

제가 많은 대학생과 대화하면서 알게 된 것은, 우수한 성적을 받고 입학한 학교에서 생각보다 많은 학생이 자주 과제를 미룬다는 사실입니다. 어떤 학생들은 과제를 아예 제출하지 않거나 늦게 제출합니다. 또 좋지 않은 내용의 과제를 제출해 형편없는 점수를 받아 해당 과목을 통과하지 못하기도 합니다. 예를 들어 한 과제를 하기 위해서 읽어야 하는 논문, 책 등을 고려할 때 최소 5일 전 즈음에는 과제를 시작해야 하는데 과제 마감 전날 과제를 시작했다가 해야 할 양이 감당할 정도가 아님을 깨닫고는 아예 포기해버리는 것입니다.

미루기procrastination는 잘못된 시간관리, 일 자체를 싫어함, 마감 기한 전 걱정, 불안과 낮은 자기조절능력 등으로 그 모습을 드러냅니다.[33] 포스터[34]는 우리가 일을 미루는 이유로 성공 또는 실패에 대한 두려움, 완벽주의, 지루함, 과제수행 능력이나 정보 부족, 산만함, 동기 부족, 과제를 과중하게 받아들이기 때문 등으로 설명합니다. 여기서 우리가 주목해야 할 점은 미루기와 완벽주의가 관련이 있다는 것입니다. 둘 사이의 관련은 이미 많은 학자가 연구해왔습니다.[35] 영재가 완벽주의 성향을 보인다는 연구 또한 셀 수 없을 정도로 많은데,[36] 이를 종합하면 영재들이 완벽주의 성향 때문에 일을 미루는 경우가 많다고 해석할 수 있습니다.

주변의 기대와 자신에게 거는 기대가 큰 영재들이 심리적 부담으로 해야 할 일을 미루는 것은 일종의 심리방어기제입니다. 라이스[37]는 이러한 미루기가 일시적으로 불안을 덜어주고 기분을 나아지게 하지만 일을 미루고 난 다음에는 다시 불안한 기분으로 돌아가게 된다고 말합니다. 샘슨과 체이슨[38]은 영재들이 일을 미룸으로써 '내가 마음먹고 노력만 했으면 잘할 수 있었어'라고 합리화하는 경향이 있음을 지적합니다.

일을 미루는 것은 아예 시작하지 않는 것부터 시작한 일을 끝내지 않고 꾸물거리는 것, 시작한 일이 마음에 들지 않아 처음부터 수도 없이 다시 시작하는 것 모두를 포함합니다.[39] 이러한 심리 이면에는 실패와 비평을 두려워하는 마음이 크게 자리하는데 '제대로 못 하느니 안 하는 게 낫다'는 결론을 내려 짧은 마음의 평화를 찾게 되는 것입니다. 그러나 안타깝게도 미루기는 부족한 공부습관, 시험 불안, 벼락치기공부, 늦은 과제제출, 죄책감·우울 등과 연관이 있다는 보고가 있습니다.[40]

2) 미루기의 반전

미루기는 대체로 성취와 정서에 부정적 영향을 미치는 것으로 알려져 있지만, 어떤 사람들은 미루기가 창의성과 밀접한 관련이 있다고 주장합니다. 하버드 대학교 교수이자 베스트셀러

작가인 아담 그랜트Adam Grant는 자신의 책《오리지널스》의 4장 〈서두르면 바보〉에서 "우리는 일을 미룸으로써 다양한 문제 해결 방법을 모색하게 되고 그 과정에서 창의적인 아이디어를 생각해낸다"고 말합니다. 그는 우리가 할 일을 미루게 되면 일시적으로 생산성은 조금 떨어질지라도 이후에 우리가 독창성을 발휘할 수 있는 원천이 된다고 설명합니다.

이와 같은 주장을 뒷받침하기 위해 그랜트는 작품을 구상하고 완성하는 데 25년을 쓴 레오나르도 다빈치, 생각을 깊게 하여 성급한 결론을 내리지 않는 과학영재들, 연설 전날까지도 연설문을 완성하지 못했던 링컨과 마틴 루서 킹을 예로 들며 미루는 것은 게으른 것이 아니라 신중함이며, 미룸으로써 끝내지 못한 일을 계속 생각하게 된다고 주장하였습니다.

추와 최진남[41]은 수동적 미루기passive procrastination와 자발적 미루기active procrastination의 차이를 설명하며 자발적 미루기의 장점을 역설합니다. 이들에 따르면 수동적으로 미루는 사람들은 시간 안에 일을 해낼 수 없기 때문에 일을 미루지만, 자발적으로 일을 미루는 사람들은 시간 안에 일을 끝낼 능력이 있으며 일을 일부러 미룸으로써 시간을 효율적으로 사용합니다. 앞서 소개했던 완벽주의 때문에 생긴 자기방어기제로서 미루기는 방금 소개한 자발적 미루기와는 차이가 있습니다. 자기방어기제로서 미루기는 일을 회피하여 결국 기한을 넘겨버리는 것이지만, 자발적 미루기는 일을 잠시 제쳐두었다가 기한 안에 해내는 것입니다.

추와 최진남은 일을 자발적으로 미루는 사람들의 특징으로 다음 네 가지를 듭니다.

① 시간의 압박을 즐김
② 의도를 갖고 일을 미룸
③ 기한을 맞출 능력이 있음
④ 이러한 과정을 토대로 얻는 결과에 만족함

즉 이들은 시간이 다가와 자신들에게 성취자극이 되기 전까지는 다른 일에 몰입하다가 해야 하는 일이 마감 기한에 가까워오면 좀더 집중하여 일을 할 수 있게 되는 것입니다. 연구자들은 위의 네 가지 특성을 바탕으로 자발적 미루기와 관련된 12개 설문문항을 만들어 연구 대상자들의 경향을 파악한 후, 이것이 실제 일을 미루는 정도, 시간 사용, 자기효능감, 스트레스 대처 및 학교 성적에 영향이 있는지를 알아보고자 했습니다.

캐나다의 대학생 230명을 대상으로 한 이 연구 결과 자발적 미루기를 선호하는 사람은 마지못해 일을 미루는 수동적 미루기를 하는 사람과 같은 수준의 미루기를 하지만 시간 사용, 자기효능감, 스트레스 대처 실제 받는 학교 성적은 일을 미루지 않는 사람과 크게 다르지 않았습니다. 다시 말해 자발적 미루기를 하는 사람은 일을 미루지만 성취도는 일을 미루지 않는 사람과 크게 다르지 않기 때문에 더 효율적으로 시간을 사용한 셈이 됩니다.

이처럼 미루기는 꼭 부정적 측면만 있는 것은 아닙니다. 기한이 정해져 있지 않은 경우 미룸으로써 좀더 깊게 생각하고 여러 가지 아이디어를 생각해낼 수 있으며, 여러 번 생각함으로써 신중한 결정을 내릴 수 있게 됩니다. 또한 마감 기한이 임박했을 때 더 효율적으로 일하는 사람들은 기한이 되기 전까지 다른 일을 하다가 시간에 맞추어 일을 끝낼 수 있기 때문에 시간을 효율적으로 사용할 수 있습니다. 다만, 지금까지 내용을 종합할 때 미루기가 긍정적으로 사용되기 위해서는 하는 일의 기한이 없거나, 일하는 사람이 의도를 갖고 일을 미루며 기한 내에 일을 끝내야 합니다. 주변의 기대와 잘해내지 못할 것이라는 부담으로 일을 미루고 기한을 넘기거나 시작하지도 못하는 것은 앞서 살핀 대로 실제 성취와 정서에 부정적 영향을 미칩니다.

3) 완벽주의의 명과 암

제가 고3 때 '4당5락'이라는 말이 있었습니다. 아마 지금도 쓰일 것 같은 이 말은 네 시간을 자면 시험에 합격하고 다섯 시간을 자면 떨어진다는 뜻으로, 잠을 줄이면서까지 공부하지 않으면 원하는 대학에 갈 수 없다는 의미로 자주 쓰였습니다. 당시 저는 이 말을 들을 때마다 슬펐는데 다섯 시간은커녕 여섯 시간도 충분치 않아 늘 하교 후에 한 시간씩 낮잠을 잤기 때문입니다.

영화 〈4등〉정지우 감독, 2016에서 준호 어머니는 수영에서 4등만 계속하는 아이에게 격려나 응원을 하기는커녕 '야, 4등. 너 뭐가 되려고 그래? 너 어떻게 살려고 그래?'라고 면박을 줍니다. 그리고 이 모든 것이 엄마 자신을 위한 것이 아니라 준호를 위하는 일이라고 강조하지요. 이후 성적을 올려준다는 코치를 뒷돈을 들여서까지 알아내 강습을 시작하지만, 코치 역시 준호를 위한다는 명목으로 폭력을 행사하면서까지 준호에게 성적에 대한 심한 압박을 줍니다. 심지어 준호 엄마는 이후 코치의 폭력을 알아채고도 준호의 성적을 향상하기 위해 이를 모른 체합니다.

인기리에 방영되었던 드라마 〈스카이 캐슬〉은 자녀의 높은 성적에 대한 부모들의 노골적인 욕망을 드러냅니다. 드라마 속 부모들은 영화 〈4등〉에서와 마찬가지로 자신의 욕망을 자식에게 투영하여 자녀의 높은 학업 성취를 위해 이른바 입시 코디네이터를 고용해서 자녀의 생활과 공부 방식을 통제하고, 입시 코디네이터의 선을 넘는 지도방식마저 묵인합니다. 로

스쿨 교수인 차민혁은 자신이 이루지 못한 꿈을 아들에게 강요하고, 자식들에게 '피라미드의 밑바닥에서는 짓눌리고 정상에서는 누린다'고 말하며 성적지상주의를 드러냅니다. 자녀나 자신의 학생이 뛰어난 결과를 얻게 하기 위해서 수단과 방법을 가리지 않고 몰아붙이는 부모나 지도자 모습이 영화, 드라마 속에 심심치 않게 등장하는 이유는 알게 모르게 우리 주변에서 이런 일들이 실제로 일어나기 때문입니다.

완벽주의에는 자기 자신에게 과한 기대를 걸거나 자신의 장점보다는 단점에 초점을 두는 자기지향 완벽주의, 다른 사람에게 엄격한 잣대를 대는 타인지향 완벽주의, 그리고 주변 사람들로부터 받는 기대를 충족하려는 사회부과 완벽주의가 있습니다.[42] 국내 대학생 421명을 대상으로 한 연구에 따르면 사회부과 완벽주의는 실패에 대한 공포와 관련이 있으며, 이는 다시 학생들의 학업 미루기와 관련이 있었습니다.[43] 반면 자기지향 완벽주의는 학업 미루기와 부적인 상관관계가 있었습니다. 다시 말해 자기에게 거는 기대가 자신에게서 오는 경우 일을 미루지 않고 해내려는 경향이 있지만, 타인에게서 오는 경우 실패에 부담을 느끼고 이것이 일을 미루는 것으로 나타난다고 해석할 수 있습니다.

드라마 〈스카이 캐슬〉에서 차민혁의 첫째 딸 세리는 하버드 대학교에 입학하지 않았지만 부모와 주변을 속여 실제로 학교에 다니는 것처럼 꾸밉니다. 이는 부모가 자신에게 거는 기대를 실제로 만족시키지 못하여 거짓으로나마 부모를 만족시킴으로써 자신에 대한 비난을 막는 것입니다. 이 내용은 2015년 하버드 대학교와 스탠퍼드 대학교를 동시에 합격했다고 알려졌으나 실제로는 합격증과 이메일이 위조된 것으로 밝혀진 한 한국계 미국 학생의 이야기를 떠올리게 합니다. 사회나 부모로부터 오는 과중한 부담은 학생에게 정서적으로 해가 될 뿐만 아니라 실제 학업 수행능력에도 악영향을 미칠 수 있습니다.

완벽주의에는 예민함과 마찬가지로 장점과 단점이 공존합니다. 여러 가지 심리적 어려움을 동반하기도 하지만 완벽주의는 영재를 포함한 학생들이 적절한 목표를 세우고 이를 수행하는 성취동기 및 실제 성취도에 긍정적 영향을 미칩니다. 중학교 1, 2학년 학생 433명을 대상으로 한 연구에 따르면 이들의 자기지향적 완벽주의가 학업적 자기효능감과 긍정적인 연관을 보였습니다. 국내 프로골프선수 187명을 대상으로 한 연구에 따르면 자신에게 거는 기대와 관련된 완벽주의는 이들의 자기관리 및 생활관리 행동과 긍정적 연관이 있는 것으로 나타났습니다.[44]

자신이 더 잘할 것이라 기대하고 더 잘해야겠다고 생각하는 경우 좀더 성실하고 체계적으로 훈련에 임하게 되는 것입니다. 앞서 오해 3에서 소개한 가네의 차별화 모형에서도 성취를 위한 개인 요소로 자기관리 및 관심, 열정, 노력 등과 같은 성취 동기의 중요성을 강조하였습니다. 이처럼 자신에 대해 냉철하게 분석하고 부족한 점은 채우며 더 나은 성취를 하기 위해 노력하는 완벽주의의 경우 잠재능력을 실제 성취로 전환하게 하는 데에 긍정적으로 작용합니다.

영재는 특히 자신에게 거는 기대와 주변의 기대가 모두 큰 편인데, 이것이 동기가 되어 성취를 돕기도 하지만 동시에 완벽주의와 관련된 각종 정서적 문제들에 상대적으로 더 많이 노출되어 있습니다. 문제는 많은 영재가 어쨌거나 좋은 성취도를 보이기 때문에 이러한 정서적 문제들이 자주 가려지거나 무시된다는 것입니다.[45] 중학생 영재 112명을 대상으로 한 연구에 따르면 대상자의 87.5%가 완벽주의적 성향을 보였고, 58%는 성취에 도움이 될 수 있는 적절한 완벽주의를 보였지만 29.5%는 완벽주의 성향이 정신건강을 위협하는 수준을 나타냈습니다.[46] 영재의 완벽주의 성향은 잠재적으로 우울, 불안, 소진burn-out과 관련이 있다고 알려져 있습니다. 13세부터 17세까지 영재 173명을 대상으로 한 연구에 따르면 부모, 선생님 등 중요한 타인으로부터 받는 기대에 따른 사회부과 완벽주의 성향은 연구 대상자의 우울감 정도와 큰 연관을 보였습니다.[47]

국내 음악영재 고등학생 401명을 대상으로 한 연구에 따르면 이들의 사회부과 완벽주의 정도는 연주 불안과 관련이 있는 것으로 나타났습니다.[48] 또한 국내 의대생 1, 2학년 244명을 대상으로 한 연구 결과에 따르면 이들의 사회부과 완벽주의 성향과 학업 소진이 관련이 있는 것으로 나타났습니다.[49] 여기서 소진이란 공부 또는 일에 과몰입한 후 오는 극도의 정신적·신체적 피로감을 나타내는 것을 말하며 자신이나 주변의 기대 수준이 높은 경우 자주 나타나는 것으로 알려져 있습니다.[50]

우리 사회는 영재를 비롯한 학생들에게 성취에 대한 지나친 부담을 주어 학생들이 높은 성취를 하더라도 정서적으로 건강하지 않은 경우가 많은데, 이것은 국제학업성취도평가Programme for International Student Assessment, PISA의 결과로 확인할 수 있습니다. 경제협력개발기구OECD 주도로 회원국을 포함한 90여 개국이 참여하는 학업 성취도 평가인 PISA는 만 15세 청소년을 대상으로 하며 2000년 시작되어 3년 주기로 실시되고 있습니다. 2018년도에 치러진 것이 가장 최근 평가이며 연구 결과는 2019년 12월에 발표되었습니다.

PISA의 결과에 따르면 우리나라 청소년의 수학, 과학, 읽기의 학업 성취도가 OECD 평균을 웃돌지만 학생의 안녕감well-being은 OECD 평균에 한참 못 미칠 뿐 아니라 참여국 전체에서 가장 낮은 순위를 보입니다. 2012년 결과를 보면 '학교에서 행복하다'는 항목에 동의한다고 응답한 학생의 비율은 65개국 중 최하위 순위이며 한국 평균은 60%로 OECD 평균인 80%보다 훨씬 낮았습니다.[PISA, 2013] 3년 후 결과도 크게 다르지 않았는데, 자신의 삶에 대한 만족도가 70개국 평균 가운데 터키 다음으로 가장 낮았으며 OECD 평균이 7.31점이었고 한국의 평균은 6.36에 그쳤습니다.[PISA, 2017]

학교 가기 전이나 방과 후에 운동을 한다고 응답한 비율은 OECD 평균이 69.8%인 반면 한국은 46.3%로 70개국 가운데 최하위를 기록했습니다. 방과 후에 부모님과 대화한다고 응답한 비율은 OECD 평균이 86.1%인 반면 한국 평균은 79.4%로 OECD 35개국 가운데 가장 낮은 순위를 기록했습니다. 한편 자녀가 대학 학위를 취득할 것을 기대하는 비율이 2012년 80% 이상으로 한국이 참여국 중 가장 높은 순위를 기록하여 한국 부모들의 자녀 교육에 대한 기대치를 확인할 수 있었습니다.

종합하면 한국의 학생들은 부모나 사회로부터 교육에 대한 높은 기대를 받고 있으며, 이에 따라 높은 성취도로 그 기대에 부응하고자 하나 자신의 삶이나 학교생활에 크게 만족하지 못하고 있습니다. 더욱이 운동을 잘 하지 않고 부모님과 대화마저 잘되지 않아 그 부담으로부터 오는 스트레스를 해소하지도 못하는 상황입니다.

과유불급입니다. 자신의 재능을 계발하기 위해 노력하는 아이들을 격려하고 응원하는 것은 좋지만 목적도 찾지 못한 아이들에게 사회가 성취만 강요해서는 안 됩니다. 영재를 비롯한 우리 아이들과 우리 정신건강은 중요합니다. 이러한 문제가 오랫동안 제기되었음에도 성취를 위한 제물로 우리와 우리 아이들의 정신건강이 희생되고 있습니다. 특히 뛰어난 성취를 하는 아이들은 어려움을 겪고 있다는 것을 인정하고 이야기하는 것마저도 부족함을 드러내는 것으로 생각하여 혼자 앓는 경우가 많습니다. 부디 우리 사회가 아이들에게 성공과 성취를 부추기는 것이 아니라 격려하고 응원하여 궁극적으로 아이들 스스로 하고자 하는 동기를 찾고 목표를 설정하여 노력하게끔 되면 좋겠습니다.

4) 미루기와 완벽주의에 대처하는 우리의 자세

미루기와 관련하여 저는 서울대학교 정신의학과 윤대현 교수님의 '계획만 세우고 실천하지 못하는 당신이 반드시 들어야 할 대답' 유튜브 영상을 보기를 추천합니다.[51] 영상에서 윤 교수님은 우리가 일을 미루는 이유는 일을 잘하고자 하는 완벽주의 때문이며, 이는 각종 불안을 야기한다고 말합니다. 이때 우리가 불안을 느끼는 것은 지극히 정상이며 잘하고 싶은 예쁜 마음이기 때문에 그것에 대해 지나치게 자책하지 말기를 당부합니다. "아이고 귀여운 불안아, 그렇게 잘하고 싶었어?" 정도로 자연스럽게 받아들이고 운동 등으로 스트레스 또는 불안을 줄일 것을 이야기합니다. 윤 교수는 운동이나 취미생활을 하는 것 자체가 또 다른 계획과 목표가 되어 스트레스가 되는 것에 염려를 나타내며, 우리가 성취목표를 실천 가능한 것으로 하향 조정하여 성공경험을 쌓아 '할 수 있다'는 자아효능감을 키워나가기를 제안합니다.

저 또한 윤 교수님 의견에 100% 동의합니다. 하려는 일이 뜻대로 흘러가지 않을 때 짜증이나 화가 나는 것은 잘하고 싶은 마음의 방증일 수 있습니다. 잘하려는 마음 자체는 나쁘지 않으며, 적절한 수준의 마음의 불안은 운동선수의 승부욕처럼 자신이 발전하는 데에 긍정적 영향을 미칠 수 있습니다. 다만 불안이 과해서 자신의 정신건강과 주변과 관계에 부정적 영향을 미칠 정도라면 적절히 조절하는 능력을 기르는 것이 필요합니다. 여러 전문가의 의견과 제 생각을 종합하여 개인으로서 할 수 있는 일과 부모, 교사 등 주변인으로서 미루기, 완벽주의로 어려워하는 영재를 포함한 아이들을 도울 수 있는 일들을 제안하겠습니다.

[개인으로서 할 수 있는 일]
① 성취목표를 현실적으로 수정
영재들은 대체로 목표를 높게 설정하고 이를 이루고자 노력하

지만, 완벽주의 경향이 지나친 경우 해내기가 벅찬 수준의 지나치게 높은 기대치를 설정함으로써 그것을 이루지 못하고 좌절하는 경우가 있습니다. 자신의 목표치를 달성하지 못하는 것은 실망과 좌절감으로 돌아오며 그 기분에서 벗어나고자 다시 실행 불가능한 목표치를 설정하지만 해내지 못하고 좌절하며 시도를 두려워하는 악순환이 이어집니다. 완벽주의로 여러 가지 정서적 문제를 겪을 경우 성취목표를 현실적으로 수정하여 성공경험을 쌓을 것을 제안합니다.

목표 수준을 한참 낮춘 후 점차 늘려가기

예) 저녁 식사 후 공부 5시간 ⋯▸ 저녁 식사 후 공부 1시간, 이후 점차 2~3시간으로 늘리기

괜히 해야 할 일을 갑자기 줄여버리면 죄책감이 들 것 같아 조금 줄이면 그 차이가 별로 느껴지지 않고 해야 할 일은 여전히 부담스럽게 보이게 됩니다. 차이를 두어 일을 '실현 가능한 것'으로 보이게 만들어 꾸준히 실천하는 것이 중요합니다.

하루에 반드시 성취할 수 있는 쉬운 목표 설정

예) 하루에 한 번 밖에 나가기(편의점 가기, 산책하기 등), 설거지는 하루를 넘기지 않기, 각 과목 배운 내용 관련 문제 하루에 딱 1문제씩

풀기, 엄청나게 사소한 것이라도 오늘의 잘한 일 하나 적어보기이웃을 도와준 일, 힘들어하는 친구를 위로한 일 등

위의 예 대부분은 제가 윤대현 교수님의 영상을 본 후부터 실천하고 있는 일입니다. 대학원생으로서 아무것도 읽고 쓰기 싫을 때 A4용지 오른쪽 귀퉁이에 날짜를 쓰고 해야 하는 일을 적습니다. 딱 그것만 하고 아무것도 안 하더라도 다음 날 바로 충전된 마음으로 집중하는 데에 도움이 되기에 하루의 목표치를 달성할 수 없는 경우 최소 메모라도 하는 편입니다.

어쩔 수 없이 해야만 하는 과한 성취목표라면 잘게 쪼개기 chip away
예) 하루에 300단어 쓰기, 하루에 1페이지 쓰기

과중한 기대와 일에 대한 스트레스로 소진 상태라면 완전히 쉬는 것이 좋겠지만, 현실적으로 그러기 어려운 경우가 많습니다. 제가 호주에 온 후 첫해에 석 달 안에 영어로 대략 10,000단어 정도 논문 분량을 써야 할 때가 있었는데, 그 양이 너무나도 압도적이어서 제가 스트레스를 받을 시간조차 없었습니다라고 썼지만 스트레스를 정말 많이 받았습니다.

우리 교수님은 매번 'chip away'라는 말을 했는데 일을 쪼개서 하라는 뜻입니다. 그래서 그때 하루에 300~350단어로

목표를 정해놓고, 목표 달성을 하고 더 할 수 있을 것 같은 때에도 꾸준함을 위해 자제하고 하루의 나머지 시간은 무조건 자유 시간을 갖곤 했습니다. 석 달 동안 목표치만큼 꾸준히 써내서 다행히 기한 안에 과제를 제출할 수 있었습니다. 큰 양을 잘게 쪼개면 상대적으로 불가능해 보이는 일이 현실적으로 해낼 수 있는 일로 보이면서 심리적 부담을 덜게 됩니다.

② 믿을 수 있는 주변인에게 자신의 감정 공유하기

완벽주의를 내려놓기 어려운 분들에게 브레네 브라운Brene Brown의 《마음 가면Daring Greatly》2006이라는 책을 추천합니다. 책에서 작가는 우리가 쓰고 있는 가면을 내려놓고 우리의 '취약성vulner-ability'을 끌어안을 것을 권합니다. 브라운에 따르면 취약함을 인정한다는 것은 약하다는 뜻이 아니며 용기 있게 삶에 참여하겠다는 의미입니다. 이때 작가는 우리가 아무에게나 취약성을 드러내는 것이 아니라 우리와 신뢰관계가 있는, '우리 이야기를 들을 자격이 있는' 사람들과 감정과 경험을 나눠야 함을 강조합니다. 이를 통해 우리는 용기와 공감능력, 회복탄력성을 기르게 되며 사람들과 더욱 유대감을 느끼게 됩니다.

혹시 도무지 주변에 나와 신뢰관계를 형성하고 이야기를 나눌 만한 사람이 없다면 저는 책, 유튜브 등에서 자신과 생각이 통하고 신뢰감을 주는 사람을 찾는 것도 나쁘지 않다고 생각합니다. 때로는 주변 사람들보다 책에서 위로를 받거나 원하는 해결책을 찾을 때가 있습니다. 우리 이야기를 들려주지는 못하더라도 그들 이야기를 들음으로써 그들 이야기와 내 이야기를 관련지을 수 있고 어딘가에 나와 같은 어려움을 공유하는 사람이 있다는 사실 자체로 위로를 받을 수도 있습니다.

③ 자발적 미루기가 자신의 스타일이라면 고수할 것. 단, 책임감 있게

늘 그렇지는 않지만 저도 가끔 일부러 일을 미루곤 합니다. 천천히 해도 되는 일을 군이 일찍 시작해서 계속 일에 대해 신경 쓰고 싶지 않아서이기도 하고, 일을 해야겠다는 충분한 동기가 서지 않아서이기도 합니다. 문제는 이렇게 하게 되면 주변에서 '너 아직도 시작 안 했어?' '지금부터 안 하면 나중에 힘들어진다'라는 이야기를 한다는 것입니다. 추와 최진남이 제시한 네 가지 기준에 따라 자신이 기한이 다가왔을 때 더 집중해서 효율적으로 끝내거나 미룸에 대해 스트레스를 받지 않는 성향이라면, 기한 안에 일을 끝낸다는 전제하에 자발적 미루기를 고수할 것을 제안합니다.

미루기로 스트레스를 받는다면 이게 자신이 일을 미뤄서인지, 미루는 습관에 대한 비난 때문인지를 구분하고 후자인 경우 자신의 스타일에 대한 믿음을 견지해도 괜찮다고 생각합니다. 다만, 이러한 방법은 하고 있는 일이 온전히 나만의 일일

때만 사용하고, 다른 사람과 연계된 일일 때는 오해를 살 수 있으므로 상대의 이해를 바탕으로 기한을 지키며 자발적으로 미룰 것을 권합니다.

④ 타임아웃 시간 갖기 지나치게 몰입했던 일에서 벗어나기

쉬어도 괜찮습니다. 우리는 때로 '다른 걸 하다가 돌아왔을 때 내가 이걸 다시 할 수 없게 되면 어떻게 하지?'라는 걱정을 많이 합니다. 2019년 테니스 프랑스오픈 우승자 애슐리 바티Ashleigh Barty는 네 살 때 테니스를 시작했고 가능성이 많은 유망주였지만 '어린 나이부터 혼자서 많은 나라를 돌아다니며 경기를 치르는 것이 버겁고 또래 아이들이 하는 것들을 하고 싶다'는 이유로 18세에 테니스를 잠시 떠나 자유 시간을 보냈습니다. 이듬해에는 크리켓팀에 들어가 1년 동안 활약했으며 그다음 해에 테니스로 복귀해 놀라운 성장을 이루었습니다.

휴식 전에는 200위 밖이었던 순위도 프랑스오픈 우승과 함께 1위로 올라섰습니다. 이후 그는 테니스에서 떨어져 있던 시간이 '자신을 찾는 시간'이었으며, 가족과 시간을 보내고 팀 경기를 통해 많은 친구를 사귐으로써 테니스에 대한 부담을 덜 수 있었다고 인터뷰에서 밝혔습니다 세계여자테니스협회, WTA, 2019. 자신이 하던 일에서 조금 떨어져서 볼 때 부담을 덜게 되며 새로 시작할 수 있는 에너지를 충전하게 됩니다.

[완벽주의로 어려워하는 학생의 부모, 선생님 등 주변인으로서 할 수 있는 일]

① 세심하게 관심 갖기

완벽주의 성향이 있는 학생들은 스트레스를 받는 사실을 숨기는 경향이 있습니다Flett & Hewitt, 2013. 그래서 가끔 유명 인사들이 극단적 선택을 했을 때 '그 사람이 심리적 어려움을 겪고 있는 줄 전혀 몰랐다'는 주변인들의 반응이 나오기도 합니다. 성적이 뛰어나고 밝아 보이는 학생이라 할지라도 힘들다는 말을 하면 부모님이나 선생님을 실망시킬까봐 어렵다는 내색을 하지 않는 경우가 많습니다. 높은 성취를 하는 학생일수록 주변의 기대를 의식하기 때문에 우리는 그들이 '괜찮아요'라고 해도 실제로는 그렇지 않을 수도 있다는 생각을 해야 합니다.

여기서 주의해야 할 점은 '요새 뭐 힘든 거 없니?'라고 묻고 아이가 '괜찮아요'라고 답했을 때 '아닌 것 같은데?' '뭔 일 있는데?' '말해봐. 뭐 숨기고 있는데?'와 같은 취조식 질문을 하지 않아야 한다는 것입니다. 또한 혹시 아이가 어렵게 용기를 내어 완벽주의로 인한 스트레스를 털어놓았을 때 '그게 뭐가 힘들어?' '지금은 힘들다고 하지, 나중에 고맙다고 한다' 등 판단하는 식의 말은 이들이 더욱 마음을 닫고 안으로 파고들게 합니다.

마음을 숨기는 아이들의 마음을 알아내기는 정말로 어렵습니다. 제 방법이 완벽하게 맞지는 않지만 저는 주로 아이를 관찰하고 대화한 것을 근거로 이 아이가 어려워하는 이유를 추측해서 하나씩 물어보는 편입니다. 예를 들면 이렇습니다.

> **상황**
> 늘 1등을 하던 완벽이가 중간고사 등수가 조금 떨어진 이후
> 급격하게 말수가 줄어들고 쉬는 시간에 이어폰을 끼고 공부만 함.
> 이전에는 친구들과 잘 지냄

"완벽아, 혹시 요새 무슨 일 있니?"

"왜요? 없는데요?"

"네가 어느 때부턴가 혼자 밥 먹는 걸 많이 봐서. 친구들이랑 갑자기 대화도 많이 안 하고 걱정스러운 상황 이야기하기."

"아… 귀찮아서요. 신경 쓰지 마세요."

"그래. 괜찮다니 다행이다. 선생님은 네가 혹시 지난번보다 성적이 조금 떨어져서 그것 때문에 속상한가 해서 조금 걱정 했거든 내가 짐작한 이유 이야기하기."

"아… 그런 거 아녜요. 감사합니다."

"선생님이 예전에 시험 성적을 받고 너무 화가 나서 혼자 성적표를 찢어버린 적이 있어 공감하기. 기대만큼 못 미치면 실망스러울 때가 있지 감정을 자연스럽게 인정. 그 이유가 아니라니 다행이고, 혹시 성적 때문에 힘든 일 있으면 선생님이 들어줄게 지금

이 아니더라도 말할 기회가 있음을 알려주기 언제든 찾아와. 알았지?"

"네, 고맙습니다. 선생님."

제가 짐작한 이유가 맞는 경우, 아이들이 말하지 않다가도 인정하고 이야기를 털어놓을 때가 있고, 시간이 지나 마음이 편해졌을 때 이야기하는 일도 있었습니다. 설사 제가 짐작한 이유가 아니더라도 아이가 제가 관심을 갖고 걱정해준다는 점에 대해 감사해하고 숨겨진 진짜 이유를 이야기하기도 했습니다. 중요한 것은 우리의 세심한 관심, 배려, 공감, 이해입니다.

② 아이의 성향 이해하고 지지하기

아이들의 완벽주의로부터 방어기제는 아무것도 시작하지 않기, 시작한 일 끝내지 않기, 취미활동에만 몰두하기, 대화 거부하기 등 다양한 모습으로 나타납니다. 저는 이 다양함이 타고난 성격과도 연관이 있다고 생각합니다. 좀더 외향적인 아이들은 외부 활동에 몰입함으로써 스트레스에서 벗어나려고 하고, 내향적인 아이들은 외부의 스트레스를 차단하고 자신만의 시간을 가짐으로써 스트레스로부터 회복하려고 하는 것 같습니다. 이때 부모님들이나 선생님들은 아이가 어떤 성향인지를 잘 파악하고 성향에 따라 대응하는 것이 필요합니다.

예를 들어 외부 활동을 좋아하는 아이에게는 취미 생활을 지지해줌으로써 꼭 공부를 잘해야만 주변 어른에게 관심과 지지를 받는 것이 아니라는 메시지를 주어 아이가 학업에 대한 부담을 덜 수도 있습니다. 한편 자신만의 시간을 갖는 것을 선호하는 아이에게는 '2시간 정도 있다가 산책할래? 영화 볼래?' 등 아이가 좋아하는 일을 제안하되, 하던 일을 마무리하거나 생각할 시간을 여유 있게 주어 아이의 불안함을 더는 것과 동시에 스트레스를 전환하는 계기를 만들 수 있습니다.

미루기와 관련해서는 앞에서 살펴본 바와 같이 일부러 일을 미루는 방식을 선호하는 사람들이 있습니다. 아이가 해야할 일의 기한을 앞두고 더 집중하는 스타일인지, 스트레스를 받는 스타일인지를 잘 판단하여 전자일 경우 아이가 하겠다는 일을 기한 안에 끝내는 등 책임감을 보인다면 허용해도 괜찮다고 생각합니다. 단, 기한을 지키는 것의 중요성, 책임감을 강조하고 다른 사람들과 협업에서는 이러한 방식이 오해를 살 가능성이 있으니 상대의 이해를 구하거나 지양할 것을 당부하면 좋을 것 같습니다.

아이가 기한을 앞두고 스트레스를 받는 성향일 경우, 부모님이나 선생님이 아이가 해야 할 양을 쪼개서 꾸준히 할 수 있게 하면 아이의 학업량에 대한 부담과 스트레스를 덜 수 있습니다. 또한 이런 성향의 아이들은 잘하지 못하거나 실패할까봐 두려워하는 경향도 있는데 꾸준한 대화와 지지로 '잘하지 못해도 괜찮다'는 메시지를 아이들에게 전달해주기를 당부드립니다.

제 경험상 가장 안 좋은 것은 주변에서 이들에게 헷갈리는 메시지를 주는 것입니다. 예를 들어, 말로는 '그래, 힘들지? 못해도 괜찮아'라고 하고는 아이가 좋은 성적을 받아왔을 때와 그렇지 못한 성적을 받아왔을 때 아이를 대하는 태도가 다르다면 아이는 결국 '성적이 중요하다'는 결론을 내리고 어려움을 이야기하지 못하게 됩니다. 또한 주변인으로서 평소에 그 어떤 관심이나 정서적 지지를 보내지 않으면서 아이가 힘들어할 때 '너무 스트레스 받지 마'라는 한마디로 아이를 위로했다고 생각할지 모르지만, 스트레스를 잘 조절할 수 없는 아이들은 그 무심한 말에 더욱 좌절감을 느낍니다. 왜 아이가 스트레스를 받았는지, 아이가 어떤 성향인지, 어떤 위로가 필요한지를 세심하게 파악하고 관심을 줄 때만 아이들은 어려움을 극복하는 탄력성을 기를 수 있습니다.

앞서 소개했던 2019 프랑스오픈 우승자 애슐리 바티가 돌아온다는 기약 없이 테니스를 떠나 자유 시간을 보내고 크리켓을 할 수 있었던 것은 그녀의 결정을 가족이 지지해주었기 때문에 가능한 일이었습니다. 우리 아이가 완벽주의로 어려워한다면 그 어느 때보다 세심하고 열렬한 정서적 지지를 보내 아이가 마음의 짐을 조금 덜고 잘하려는 마음을 성장 동력으로 돌려 발전할 수 있도록 하면 좋겠습니다.

5. 걔는 친구가 없어 - 고립감

1) 친구가 없는 영재

뛰어난 수학영재 이야기를 다룬 영화 〈꼬마 천재 테이트Little Man Tate〉조디 포스터 감독. 1991와 또 다른 영화 〈네이든X Plus Y〉모건 매튜스 감독. 2014은 주인공의 내레이션으로 시작합니다. 이때 두 주인공이 공통적으로 '나는 다른 사람들과 다르다'는 이야기를 합니다.

테이트는 또래 아이들과 달리 뉴스나 신문을 보며 지구온난화, 각종 사건사고 등에 관심을 둡니다. 또한 피아노 치기, 책 읽기, 그림그리기, 집 안의 물건 분해하기를 좋아하며 수에 뛰어난 직관을 갖고 있습니다. 이 아이는 관심사가 다양하고 지식이 많아 학교에서 지적 수준이 같은 또래가 없어 어울리지 못하고 늘 혼자서 책을 읽거나 그림을 그립니다. 테이트는 생일파티에 아무도 올 것 같지 않아서 하고 싶어 하지 않았지만 평소 친구가 없는 테이트를 위해 테이트 엄마가 파티를 열었고, 결국 아무도 오지 않자 테이트는 상처를 받게 됩니다.

파이퍼와 스타킹[52]은 영재가 또래 관계에 어려움을 느끼는 이유는 영재가 자신에게 맞는 적절한 또래를 찾기 어렵고, 자신이 속하고 싶은 또래 그룹을 찾더라도 종종 거절당하기 때문이라고 말합니다. 앞서 말했듯 영재가 자기 자신의 깊은 관심사와 지적 수준에 맞는 또래를 만나기 어렵기에 '다르다'고 느끼며, 이것이 고립감으로 이어집니다. 영재 아이들의 특성상 왕성한 호기심으로 다른 아이들에게 부적절하거나 과한 질문을 하는 경우 배려심이 없는 친구로 인지되기도 하며, 수준이 높은 단어를 자주 사용할 경우 또래가 '잘난 척한다'고 생각하기도 합니다.[53]

일부 영재들은 또래에게 받아들여지기 위해 재능을 숨기지만, 또 다른 영재들은 마음을 닫고 자신의 관심사에 몰두합니다. 이들이 혼자 있다고 해서 친구가 필요하지 않은 것은 아닙니다. 친구 사귀기가 어렵거나, 이미 또래로부터 여러 번 암묵적 거절을 당해 더는 상처받고 싶지 않은 것일 뿐입니다.

'다르다'는 사실은 때로 다른 아이들에게 괴롭힘의 대상이 되기도 합니다. 미국 11개 주의 8학년 영재 학생 432명을 대상으로 한 연구에 따르면, 이들 중 67%가 유치원pre-school부터 8학년까지 9년 동안 설문지에서 제시한 총 13개 괴롭힘 유형 중 한 개 이상을 경험했다고 답했으며, 6학년 이후로 반복적인 괴롭힘을 당했다고 답한 학생이 무려 11%나 되었습니다.[54] 6학년 때 괴롭힘을 당했다고 답한 비율이 46%로 가장 높았으며, 7, 8학년도 각각 44%, 42%로 높은 비율을 보였습니다.

이는 같은 시기 미국의 일반 학생을 대상으로 한 괴롭힘과 관련한 연구 결과보다 압도적으로 높은 수치입니다. 학령기 아동의 건강 행동The Health Behavior in School-Aged Children, HBSC에서 1998년부터 2010년까지 미국 전역의 6학년에서 10학년 사이의 학생들을 대상으로 한 괴롭힘 관련 연구 분석에 따르면 2006년에 괴롭힘을 당했다고 답한 6~8학년 학생의 비율은 13.2%로,[55] 다른 연구의 영재 응답자 평균 44%가 6~8학년 시기에 괴롭힘을 당했다고 답한 것보다 훨씬 낮았습니다.[56] 연구 대상자인 한 영재는 이렇게 말했습니다.[57]

"저는 똑똑하다는 이유로 괴롭힘을 당한 적은 한 번도 없어요. 주로 다르다는 이유 때문이었죠."(p. 258)

영재를 향한 괴롭힘의 종류로는 이상한 별명 부르기못생긴 애, 키 작은 애, 뚱뚱한 애, 공부 벌레, 바보, 멍청이, 패배자 등, 외모에 대한 놀림, 지능이나 성적에 대한 놀림, 밀치기, 때리기 등이 있었습니다.[58] 문제는 이러한 괴롭힘이 괴롭힘을 당하는 아이들에게 대단히 큰 상처를 줄 뿐만 아니라 일부 영재들은 앙갚음을 하거나 피해자가 되지 않기 위해 괴롭힘의 가해자가 되기도 한다는 것입니다.[59]

앞선 미국 전역의 일반 학생을 대상으로 한 연구에 따르면 2006년도에 괴롭힘을 가했다고 답한 6~8학년 학생이 11.3%인 반면 같은 시기 영재를 대상으로 한 연구에서 응답자의 평균 15%가 6~8학년 때 다른 친구를 괴롭힌 경험이 있다고 답하여 더 높은 비율을 보였습니다. 또 다른 문제는 많은 영재가 자신의 능력, 완벽주의로 인한 여러 어려움을 숨기듯 괴롭힘에 대한 어려움을 적극적으로 알리고 도움을 요청하기보다는 자기 스스로 해결하려고 하거나 침묵하는 편이라는 것입니다.[60]

2) 친구가 있어도 외로운 영재

친구가 없어 외로움을 느끼는 영재가 있는 반면 교우관계가 원만하고 인기가 많은 영재도 있습니다. 영재는 탁월한 유머감각 및 높은 공감능력과 자신의 영재성으로 다른 사람들의 관심을 끌 수 있습니다. 앞서 1장의 오해 5에서 밝혔지만 국내 연구에서는 영재가 일반 아동보다 교우관계가 좋다는 보고가 대다수입니다. 초등학교 영재 200명과 일반 아동 200명을 대상으로 한 연구에 따르면 영재가 또래 지지, 활동 공유, 긍정적 행동 등의 관계유지 노력 문항과 학교생활 적응 문항에서 일반 아동보다 더 높은 평균을 나타냈습니다.[61] 또한 국내 초등 수학영재 75명과 일반 학생 80명을 대상으로 한 연구에 따르면 영재들이 일반 아동보다 또래에게 기대하는 교우 기대감

이 더 높았으며, 교우관계의 평균도 더 높았습니다.[62]

이러한 결과들은 '초등학교 영재교육 대상자들이 친구들과 우호적으로 지낸다'는 결론을 내릴 뿐 미성취영재가 교우관계를 어떻게 지각하는지, 중·고등학교, 성인 영재들은 또래 관계를 어떻게 생각하는지, 표면적으로 교우관계가 좋은 영재가 실제로 또래 관계에서 깊은 소속감과 친밀감을 느끼는지는 알 수 없습니다. 국내에는 중·고등학생, 성인 영재들의 교우관계 인식에 관한 연구, 또래 관계에 대해서 설문조사가 아닌 영재의 복잡하고 깊은 사고를 알 수 있는 질적 연구의 수가 너무나도 부족합니다.

국내외의 몇 안 되는 질적 연구에서 실제 교우관계가 좋아도 외로움을 호소하는 영재들의 사례를 찾아볼 수 있습니다. 국내 중학생 영재에 대한 질적 연구에 따르면 참여자 다섯 명 중 두 명이 붙임성이 좋고 학급 회장, 전교 회장 등의 임원을 맡아 하며 각종 대외활동에 참여하는 등 원만한 교우관계를 유지하는 것으로 보였지만, 그 모습 뒤의 외로움을 호소하였습니다.[63]

"힘들다고 말해봤자 누가 알아주는데요? 애들한테 시험공부 힘들다고 그러면 '그래도 너는 전교 일등이잖아' 하고 웃어요."*(p. 45)*

"저는 친구들과 싸우거나 그런 것은 없어요. 갈등도 없습니다. 그

런데 고등학교에 와서 보니까 제가 아는 애들은 많은데, 친한 애들은 많지 않은 것 같아요."(p. 57)

초·중·고등학교 시절 중 영재교육을 받은 경험이 있으며 아너스Honors 프로그램학부 성적이 우수한 사람이 하는 학위을 마친 성인을 대상으로 한 미국의 연구에 따르면, 참가자 일곱 명 중 네 명이 주변 사람들로부터 대학 시절 친해지기 쉽고, 유머감각이 있으며, 진실된, 인기가 많은, 외향적인 등의 긍정적 평가를 받았지만 연구 참가자 대다수가 학창시절에 고립감을 느꼈다고 회고하였습니다.[64] 그 이유로 자신의 관심사 및 배움에 대한 열정, 지식의 깊이가 또래들과 달랐고, 학업 성취에 대해 크게 관여하거나 인정하지 않는 환경에서 자란 경우 배우는 게 너무 쉽게 느껴지고 지루함을 느꼈기 때문이라고 응답하였습니다. 이러한 결과들은 영재가 일반 아동에 비해 정서적으로 더 성숙하기 때문에 교우관계에 영향을 미친 것으로 추측됩니다.

영재들은 또래보다 관심사, 사회적 이해도, 친구관계에 대한 기대감, 세계를 보는 관점 등이 더욱 성숙하고, 또래에서 마음이 맞는 친구를 찾지 못하면 자신보다 나이가 더 많은 사람이나 어른들과 교우관계를 맺는 특징도 보입니다.[65] 그러한 이유로 주변에 사람들이 많다고 하더라도 자신이 생각할 때 진정한 친구의 수가 많지 않으면 외롭게 느끼는 것이지요. 진짜 친구의 수가 중요한 건 영재나 일반 아동이나 마찬가지겠지만, 영재의 관심사, 정서적 성숙도에 맞는 친구를 찾기가 까다로워 일반 아동보다 더 외로움을 느낄 가능성이 큽니다.

3) 영재의 외로움에 대처하는 우리의 자세

영재가 친구 유무와 상관없이 외로움을 느낀다면 우리는 어떤 일을 할 수 있을까요? 우리가 그들의 진정한 친구가 되어 덜 외롭거나 외롭지 않게 해줄 수 있습니다. 반복되는 이야기지만 세심한 관찰과 많은 대화로 그들의 관심사를 알아내고 관심을 보여주는 것이 중요합니다. 특히 영재는 교사의 영향을 많이 받는데, 교사가 소외된 영재에게 관심을 가짐으로써 다른 아이들 또한 그 아이에게 관심을 갖게 될 수도 있습니다.

저는 다소 조용하고 내색하지 않는 영재 아이들에게 마음을 많이 쓰는 편이었는데, 기회가 되면 아이들 앞에서 칭찬을 많이 하려고 노력했습니다. 그렇게 되면 아이들이 관심을 갖게 되며, 혹시 지나가는 말이라도 '우아, 멋있다'라고 하게 되는 경우가 있습니다. 친구의 그 말이 잊을 수 없는 말이 되어 영재 아이는 자신감을 얻게 됩니다. 저는 관심을 가지며 '이건 어떤 의미로 이렇게 쓴 거야?' '이건 어떤 걸 그린 거야?'와 같은 질문을 할 뿐 아니라 그 아이들이 하는 말들을 최대한 기억해서 아이들의 관심사를 기억하려고 노력했습니다. 아이들의 관심사는 야구·축구·농구 등의 스포츠, 걸그룹·보이그룹 등 연예인, 디즈니·픽사·마블 영화, 클라리넷·바이올린 등과 같은 악기 등 다양했습니다.

이들과 대화할 때 제가 기억했던 그들의 관심사를 꺼내서 이야기하면 아이들이 마치 친한 친구에게 이야기하듯 가끔은 흥분하며 열심히 자기 이야기를 하곤 했습니다. 이런 식으로 영재들과 친밀감이 생기면 관심사 이외에도 대화 주제를 확장하여 혹시 이들이 어려움을 겪고 있지는 않은지 파악하는 것도 필요합니다. 앞서 살폈듯 영재는 자신의 어려움을 감추려는 경향이 있어서 대화로 어려움을 겪지는 않는지, 성적·친구 관계·가족문제 등 어떤 어려움을 겪는지를 알아낼 수 있습니다. 영재를 비롯한 모든 아이는 자신과 주변의 영향을 받기 때문에 이들이 어려움을 겪고 있다는 것을 알게 되면 이들의 부모님, 가까운 친구들과도 대화를 나누어 다각적인 해결 방법을 모색할 수도 있습니다.

한편 영재들은 자신의 관심사와 정서적 성숙도가 비슷한 또래 친구를 찾기가 어렵기 때문에 영재교육기관 등에서 비슷한 아이들을 만나는 것이 외로움을 해소하는 데에 도움이 될 수도 있습니다. 영재교육을 받은 고등학생에 대한 질적 연구에서 한 학생은 영재교육원에서 만난 친구들이 일반 학급의 친구들보다 성향이 잘 맞고 관심 분야도 비슷해서 더 편안함을 느꼈다고 진술하였습니다.[66] 또한 일반 학급에서 친구들에게 소외감을 느끼는 한 초등 영재도 영재반에서 더 이해받는 느낌을 받고 아이들과 잘 맞는다고 이야기하였습니다.[67] 꼭 영재교육기관이 아니더라도 아이가 관심사를 보이는 분야의 행사, 모임 등에서 만나는 아이들과 연락을 주고받을 수도 있으며 학교 내에 있는 동아리 등에서도 관심 분야가 맞는 아이들을 찾을 수 있습니다.

무엇보다도 가장 중요한 것은 부모나 선생님은 영재 아이를, 자신이 영재라면 자신을 있는 그대로 보아주는 것입니다. 조금 생소한 취미 같아 보여도, 쓸데없어 보이는 일 같아도 그게 좋은 걸 어떻게 하나요. 앞서 살핀 초등 영재에 대한 연구에서 한 영재는 애니메이션을 좋아하는 것을 드러냈다가 친구들에게 놀림을 당했다고 말했으며, 다른 영재는 웹서핑이 취미인데 부모님이 '공부와 관련 없는 쓸데없는 짓을 한다'며 무시한다고 토로하였습니다.[68] 부모님의 무시에도 이 아이는 정보검색사 자격증을 땄다고 연구자에게 자랑스럽게 이야기하였습니다.

쓸데없어 보이는 일이 정말 쓸데없는 일인지 아닌지는 모르는 일입니다. 스티브 잡스가 대학교를 그만두기 전 캘리그래피 수업을 청강할 때만 하더라도 그때 배운 기술을 이후 애플 컴퓨터 폰트를 만드는 데 사용할지는 본인도 몰랐을 것입니다. 빠른 웹서핑 기술은 일을 하거나 연구를 할 때 너무나도 유용한 능력으로, 저는 연구 대상 영재 아이가 지금도 이 능력을 잘 사용하고 있으리라고 확신합니다.

앞서 소개한 수학영재 영화 〈네이든〉에서 네이든의 아버지는 "아빠는 단지 네가 있는 그대로 괜찮다는 걸 알았으면 좋겠어"라고 네이든에게 말합니다. 자기 자신이, 그리고 우리 아이가 다른 사람들과 조금 달라도 괜찮습니다. 저는 어렸을 때부터 '모두가 나 같을 필요는 없지만 나 같은 사람도 필요하다'고 생각해왔습니다. 옆 사람이 나 같을 필요도, 내가 그들과 같을 필요도 없습니다. 부디 모든 영재가 자기 자신을 있는 그대로 받아들이고 나와 다른 사람들의 다양성을 인정·이해·존중하고 만족할 수 있기를 바랍니다.

6. 걔는 태도가 별로야 - 문제행동

1) 집중하기 어려운 영재 - 영재와 ADHD

2012년에 저는 6학년 영어를 가르쳤습니다. 교실에 들어가기도 전에 많은 선생님이 종연이(가명)를 보고 놀라지 말라고 여러 주의를 주었음에도 이 아이와 첫 대면은 쉽지 않았습니다. 멀리서 한눈에 봐도 삐딱하게 앉아 있는 종연이는 새로 온 이 선생님이 자신의 언행을 어디까지 받아줄지 시험하는 듯 보였습니다.

일단은 제가 자세를 지적하지 않고 수업을 진행하자 좀더 강도를 높여 뜬금없이 '우웩' 같은 이상한 소리를 냈습니다. 같은 반 아이들은 이미 익숙한 듯 아무 일도 일어나지 않은 것처럼 행동했습니다. 영어 과목을 너무나도 싫어했던 이 아이는 표지가 없는 교과서를 들고 다녔고, 보란 듯이 수업시간에 교과서를 훼손하기도 했습니다. 그밖에도 포인터 불빛으로 수업 방해, 과잉 행동으로 옆자리 친구와 다툼, 수업 중 엎드려 있기 등 문제행동을 보였으며 이러한 행동들은 제 수업뿐 아니라 담임선생님 수업에서도 다반사로 일어난다고 전해들었습니다.

영어 실력은 평균 이하였지만 제가 이 아이를 영재라고 생각한 이유는, 아이들과 담임선생님으로부터 이 아이가 수학을 무척 잘한다는 말을 들었고, 무엇보다도 이 아이와 일대일로 대화를 하면 아이가 꽤 논리적으로 말했으며 제가 하는 말의 요지를 잘 이해했기 때문입니다. 자기합리화를 위한 논리를 펼치더라도 자기 논리가 결국 막히면 쿨하게 인정하고 한동안은 그 행동을 하지 않았습니다. 다른 문제행동으로 옮겨가거나 시간이 지나고 나면 다시 해당 문제행동을 하긴 했지만요.

주의력결핍과잉행동장애ADHD의 증상은 인내심 부족, 주의가 산만함, 정서 조절의 어려움 등이 있다고 알려져 있습니다. ADHD 증상을 보이는 영재들도 있는데 안타깝게도 이들의 영재성과 ADHD는 둘 중 한 가지만 진단되거나, 반대로 진단되거나 둘 다 진단되지 않는 경우가 허다합니다. ADHD증상을 보이더라도 뛰어난 영재성으로 어려움을 가리거나 ADHD로 인한 문제행동이 아동 주변 사람들로 하여금 영재성을 보는 것을 막기 때문입니다.[69]

영재의 ADHD는 영재의 과흥분성과 연관이 깊습니다.[70] 앞서 영재의 예민함을 설명하면서 폴란드 심리학자 나브로프스키가 제시한 과흥분성의 다섯 가지 중 두 가지인, 정서적emotional 민감성과 감각적sensual 민감성을 소개했습니다. 나머지 세개 중 두 개는 정신운동적psychomotor·상상적imaginational 흥분성으로 정의와 특징은 다음과 같습니다.

	정신운동적	상상적
정의	신경과 근육 체계가 흥분된 상태. 활동적이고 에너지가 넘치며 계속해서 움직이고 싶어 함	생생한 상상력을 갖고 있으며 이미지나 느낌을 잘 연결함 상상한 것을 구체적으로 시각화하거나 형상화할 수 있음
특징	• 빠르게 말함 • 충동적·강박적 언행 • 문제행동, 반항, 불안해 보이는 행동 • 틱(갑자기 신체를 빠르게 움직이거나 소리를 냄) • 잠을 자지 않음 • 강박적 정리 • 가만히 있지 못하고 움직임 • 끊임없이 말함 • 과하게 열정적임	• 현실과 상상을 혼동함 • 자기만의 상상 속 세계를 만들어냄 • 가상의 친구를 만들기도 함 • 공상을 자주 하고 좋아함 • 창의성이나 공상이 크게 중요시되지 않는 커리큘럼 아래서 집중하기 어려워함

* 베인브리지와 린드(Bainbridge, 2019 & Lind, 2001)의 내용을 표로 정리

2) ADHD 일반 아동 vs ADHD 영재 vs 일반 영재

우리 아이가 또는 교실에서 내 학생이 일반 ADHD 학생인지, 영재성을 가진 ADHD 학생인지 어떻게 구분할 수 있을까요? 여러 학자가 이 두 그룹은 많은 특징을 공유해서 제대로 구분하기 어렵다고 이야기함에도 몇 연구에서 그 기준을 찾을 수 있습니다.

ADHD 일반 아동과 ADHD 영재는 ADHD의 특징인 인내심 부족, 주의가 산만함, 정서조절의 어려움을 공유합니다. 차이가 있다면 '영재'라는 이름에서 추측할 수 있듯이 ADHD 영재는 인지능력이 뛰어나다는 점입니다. 국내의 한 연구자는 ADHD 일반 아동과 ADHD 영재 모두 과잉행동을 보이더라도 ADHD 영재 아동의 과잉행동은 넘치는 열정이 겉으로 표현된 것이며, 그 안에서 집중력을 보인다고 주장합니다. 또한 ADHD 아동이 수업에 주의를 기울이지 않는 이유가 배우는 내용이 어렵거나 단순히 집중하기 어려워서 때문이라면, ADHD 영재 아동은 수업이 아는 내용이거나 지루함을 느껴서 집중하지 않는다고 덧붙입니다.[71]

김경은과 이신동 2016[72]은 IQ가 평균인 ADHD 진단 아동 56명과 상위 5%에 해당하는 IQ125 이상의 ADHD 진단 아동 56명이 인지적 측면과 정서적 측면에서 어떤 차이를 보이는지를 알아보고자 하였습니다. 웩슬러 아동 지능검사와 토렌스 창의성 검사Torrance Tests of Creative Thinking, TTCT 결과 ADHD 영재 아동의 지능지수 평균이 전체 하위항목언어 이해, 지각 조직, 주의 집중. 처리 속도에서 ADHD 일반 아동의 평균보다 높게 나왔으며, 창의성 검사 평균도 더 높았습니다.

정서적 측면은 ADHD 영재 아동의 불안, 우울, 문제행동 평균이 ADHD 일반 아동보다 월등히 높았습니다. 영재 아동들이 타고난 예민함, 완벽주의 등의 이유로 불안, 우울 등 정서적 문제들에 취약하다는 것을 감안할 때, 해당 연구의 ADHD 영재들은 일반적인 영재 아동들이 가지는 정서적 문제들을 공유하는 것으로 해석할 수 있습니다.

그렇다면 ADHD 영재와 일반 영재는 어떤 차이를 보일까요? 영재에게 과흥분성의 특징이 있지만 모든 영재가 일정 수준 이상의 주의력결핍을 보이거나 과잉행동을 하는 ADHD는 아닙니다. 앞서 소개한 렌줄리에 따르면 '영재는 평균 이상의 지능, 높은 과제 집착력, 그리고 높은 창의성을 지닌다'고 주장하였습니다. 영재의 특징이기도 한 '창의성'이 ADHD와 밀접한 연관이 있다는 연구들이 있습니다.

10세에서 12세의 창의성 검사 결과가 평균인 일반 ADHD 아동, 토렌스 창의성 검사 결과 최상위의 창의성을 보인 아동, ADHD도 아니고 창의성 영재도 아닌 일반 아동 89명을 대상으로 한 연구에 따르면 창의성 영재 아동 참가자 30명 중

12명40%이 검사 결과 ADHD 증상을 보였습니다.[73] 이밖에도 해당 연구에서 조금 흥미로운 결과가 있는데 일반 ADHD 아동과 ADHD 영재 모두 웩슬러 아동 지능검사의 작업 속도, 반응 속도가 비교군일반 아동과 ADHD가 아닌 창의성 영재 평균보다 떨어지는 것으로 나타났습니다.

다른 연구에서도 비슷한 결과를 찾을 수 있었는데, 미국 중서부에 있는 한 대학교에서 있었던 여름 영재 캠프에 참가한 10세에서 17세 사이의 ADHD 영재 17명, 일반 영재 20명을 대상으로 한 연구에 따르면 ADHD 영재는 일반 영재보다 창의성 검사에서 더 높은 평균을 보였지만 작업 기억 능력이 더 떨어지는 것으로 나타났습니다.[74] 작업 기억 능력이란 주어지는 정보를 단기적으로 기억했다가 그것을 조작하고 활용하는 능력을 말합니다. 시험은 여러 그림을 보여주고 앞서 본 그림이 무엇이었는지 순서대로 나열하거나 어떤 그림인지 맞히는 식으로 진행됩니다.

정리하면, ADHD 영재는 영재성이 있다는 점에서 일반 ADHD 아동과 구분되며, 집중력작업 및 반응 속도. 기억력이 조금 부족하지만 좀더 창의성이 있다는 점에서 일반 영재와 구분된다고 할 수 있습니다.

3) 영재의 문제행동

문제행동을 하는 모든 영재 학생이 ADHD는 아닙니다. 자기의 잠재능력만큼 해내지 못하는 영재의 미성취 또한 문제행동으로 이어질 수 있습니다. ADHD 영재의 문제행동이 좀더 조절이 안 되는 충동성에서 온다면 미성취영재의 문제행동은 고의적으로 불만을 표출하는 형태라고 할 수 있습니다. 물론 ADHD와 미성취가 겹치는 영재들도 있기에 단정적으로 말할 수는 없지만, 미성취 역시 문제행동을 동반한다는 사실을 여러 연구에서 확인할 수 있습니다.

국내 한 연구는 성취영재와 미성취영재의 문제행동에 차이가 있는지를 알아보기 위해 중학교 2, 3학년 일반 성취영재 63명과 미성취영재 18명을 대상으로 아동·청소년 행동 평가 척도를 이용한 설문조사를 하였습니다.[75] 해당 연구에서 성취영재와 미성취영재는 모두 지능검사 상위 5% 이내였지만, 실제 학업 성취는 성취영재가 상위 30% 이상에 해당했으며 미성취영재는 상위 30%에 포함되지 않았습니다. 연구 결과 미성취영재의 문제행동 전체 평균이 성취영재의 두 배에 가까웠으며, 모든 하위항목정서적 문제, 사회적 미성숙도, 강박적 사고, 주의 집중을 잘 못하는 정도, 외적 문제행동에서 성취영재보다 평균이 높았습니다.

미성취영재에 대한 질적 연구에서도 연구 참여 학생 일부는 교사나 주변 친구들에게 적대적인 태도를 보였으며, 게임에 지나치게 몰입하는 생활 태도를 보였습니다.[76] 앞서 미성취 영재 부분에서도 보았지만 그들의 문제행동은 타고난 예민함, 낮은 자존감, 가족과 선생님의 영재성에 대한 무관심 등의 영향을 받으며, 문제행동이 다시 친구, 가족과 선생님 등 주변에 부정적 영향을 미치는 악순환이 일어납니다.

영재의 미성취가 문제행동에 영향이 있다고 해서 성취하는 영재가 문제행동을 보이지 않는 것은 아닙니다. 드라마 〈스카이 캐슬〉의 '영재'는 부모님의 서울대 의대에 대한 과도한 집착 때문에 일거수일투족을 어머니와 입시 코디네이터에게 감시받고 조종당하며, 성적이 떨어지는 경우 아버지에게 폭력을 당하기도 했습니다. 결국 부모 바람대로 서울대 의대 합격증을 받지만 정서적 지지를 받지 못하고 성취만 강요당한 영재는 부모에 대한 적개심이 가득한 일기가 담긴 태블릿 PC를 남기고 집을 나갑니다. 자신을 찾은 어머니에게도 온갖 독설을 하며 분노를 드러내지요.

파이퍼와 스타킹[77]은 부모나 주변의 비현실적인 과도한 기대가 영재들로 하여금 반항, 적개심 등의 공격적 성향을 불러일으킬 수도 있으며, 과중한 부담 때문에 영재들이 관심 끌기, 거짓말, 물건 훔치기 등 문제행동을 하고 거식증, 소화 장애와 같은 신체 건강문제 및 불안, 우울과 같은 정신적 문제를 겪게 될 수도 있다고 경고합니다. 일부 성취영재들은 성취와 관련된 일들을 앞두고는 극도의 불안 증세를 보이며 문제행동을 하기도 합니다.

완벽주의 영재에 대한 연구에 따르면, 우수한 성적을 받던 한 영재 학생은 중학교 때 시험을 앞두고는 학교에서 가발을 쓰고, 자율학습 시간에 책상을 쌓아놓고 공부를 시도하거나 복도에서 춤을 추며 돌아다니는 등 엉뚱한 행동을 하곤 했으며, 고등학교에 진학해서도 친구들의 눈꺼풀에 물파스를 바르고, 학급 명패를 바꿔놓는 등 돌발행동을 했다고 합니다.[78] 종합하면, 높은 학업 성취를 보이는 영재들도 자신과 주변의 높은 기대감 때문에 받는 스트레스에 적절하게 대처하지 못하거나, 주변으로부터 정서적 지지를 받지 못하는 경우 반항, 적대적 태도, 부적절한 행동하기 등 문제행동을 보일 수 있습니다.

4) 영재의 문제행동에 대처하는 우리 자세

아래에서 한 학생에 대해 설명하겠습니다. 이 학생의 담임선생님이 여러분에게 학생의 행동에 대한 평가를 해달라고 부탁했다고 가정해봅시다. 글을 읽고 이 학생이 어떤 이유로 이러한 행동들을 하는지 생각해보기 바랍니다.

현수는 초등학교 2학년이다. 현수는 대단히 활동적이며, 다른 또래들과 비교했을 때 좀처럼 가만히 있지 못하는 경향이 있다. 현수는 수업시간에 말하고 싶은 욕구를 참는 것을 대단히 어려워하며 수업 중 선생님이 말할 때 자주 끼어든다.

담임선생님은 현수의 행동을 바꾸려고 수차례 노력했지만 현수는 담임선생님의 말을 듣지 않고, 교실의 규칙을 지키지 않는다. 현수는 세부적인 사항을 잘 신경 쓰지 않는 부주의함 때문에 숙제를 자주 엉망으로 해온다. 현수의 집중력은 오래가지 않으며, 특히 지루할 때는 더욱 심하다. 현수의 가정환경은 평범한 편이다.

생각해보았나요? 현수는 왜 이런 행동을 할까요? 주의가 산만하니 혹시 ADHD가 아닐까요? 아니면 영재의 과흥분성 때문에 쉽게 지루해하며 에너지가 넘치는 걸까요? 위의 문단은 하트넷[79]의 연구에서 실제로 쓰인 것입니다. 연구자들은 미국 중서부 지방의 한 대학교에서 '학교 상담' 과목을 수강한 1학년 대학원생 44명을 22명씩 두 그룹으로 나누었습니다. 두 그룹 모두에게 샘Sam. 위에서 이름만 바꿈의 이야기를 해준 뒤 한 그룹에게는 '이 학생의 행동 배경이 되는 것이 어떤 것이 있을까요?'라고 하고, 다른 그룹에게는 '이 학생의 행동에 배경이 되는 것은 ADHD 때문일까요, 아니면 영재성 때문일까요?'라고 질문했습니다.

첫 번째 그룹열린 질문에서 '영재성 때문에 또는 둘 다'라고 대답한 사람은 아무도 없었습니다. 질문에 '영재성 때문일까요?'

라고 선택지를 추가했을 때야 비로소 3명22명 중 14%이 영재성 때문이라고 답했으며 둘 다라고 답한 사람은 7명이었습니다 22명 중 32%.

44명 중 총 61%27명가 위의 행동이 영재성이 아닌 ADHD 때문이라고 답했습니다. 니하트[80]는 교사들이 ADHD 영재의 문제행동에만 초점을 두어 영재성을 보지 못하는 경향이 있다고 지적합니다. 이들의 ADHD 증상도 대수롭게 여겨지지 않는 경우가 많은데 연구에 참여한 ADHD 영재 아동의 부모들은 '크면 나아지겠지' '똑똑한 아이들은 원래 다 특이하니까'라며 증상을 간과했다고 털어놓았습니다.[81]

니하트는 이들의 영재성이 진단되지 않는 경우 이들이 자신들에게 맞는 적절한 교육기회를 놓치게 되며, ADHD가 진단되지 않는 경우 만성적 미성취와 학습된 무기력극복하기 어려운 일을 계속 겪게 되면서 어려운 일을 시도도 하지 않고 포기하는 경향에 빠질 수도 있다고 경고합니다. 결론적으로 ADHD 영재 아동에게 필요한 첫 번째는 이들의 ADHD와 영재성이 올바로 진단되는 것입니다.

ADHD의 진단과 치료는 의학적인 부분과 연결되어 있기 때문에 아동의 증상이 의심될 경우 전문가와 상담할 것을 권고합니다. 이들을 양육하고 지도하는 일이 어렵다는 점을 잘 알고 있습니다. 앞선 연구에 참가했던 ADHD 영재 아동의 부모들은 이들이 ADHD와 영재성을 모두 갖고 있다는 것을 인정하기가 혼란스럽고 좌절스러웠으며 아이를 잘 이해하지 못한 것 같아 죄책감이 든다고 하였으며, 한편으로는 ADHD라는 것을 다른 사람들이 알아서 불이익을 당할까봐 걱정했습니다.[82] 한 연구에서는 교실에서 초등학교 2학년 ADHD 영재 아동을 가르치는 교사 또한 아이의 잦은 반항에 다른 아이들과 갈등을 중재하는 데에 어려움을 겪었습니다.[83] 이러한 어려움은 이들이 ADHD라는 것을 모를 때에 더 이해하기 어렵기 때문에 증상이 심할 경우 전문적인 도움을 받기를 바랍니다.

영재교육 분야 종사자로서 제가 ADHD 영재와 문제행동을 보이는 미성취영재와 관련하여 말씀드리면, 이들의 문제행동에 가려진 영재성을 발견하고 인정해주실 것을 제안합니다.

이와 더불어 이들이 겪고 있는 집중하기나 미성취의 어려움을 이해하여 아이들이 좌절하지 않도록 도와주면 좋겠습니다. 앞선 2학년 ADHD 영재 아동에 관한 연구에서 연구자인 담임선생님이 두뇌 활동을 하는 보드게임들을 준비하여 해당 아동이 또래 아이들과 자연스럽게 어울리며 자기 강점을 발휘할 수 있도록 하였으며, 문제행동에 대해서는 단호하되 이해하는 태도로 아이를 설득하자, 아이가 점차 또래 아동들과 잘 지냈으며 수업에도 적극적으로 참여하는 식으로 변화하였습니다.

초등학교 4~6학년 미성취영재를 대상으로 정서적 지지와 학습 기회를 주는 20차시1차시 70분 프로그램을 운영하여 미성취영재들의 성취도와 교사 및 친구들에 대한 태도, 학습 습관 등에 변화가 있는지를 알아보고자 하였습니다.[84] 프로그램 운영에서 학생들이 수업의 계획·선택·평가에 참여했으며, 4회에 걸친 부모협의회와 상담하면서 부모들이 미성취영재 아이들을 더 이해할 수 있도록 도왔습니다. 그 결과 이들의 학습, 교사, 또래에 대한 태도 및 학습 습관이 좀더 긍정적으로 변화하였으며 학업 성취도도 프로그램에 참여하지 않은 미성취영재 그룹보다 더 높은 폭으로 증가하였습니다.

한편 높은 학업 성취에도 불구하고 문제행동을 보이는 영재들은 주로 그 원인이 부모 등 주변의 지나친 기대에서 비롯하는 경우가 많기 때문에 우리는 이들에게 '높은 성취가 가장 중요하다'는 잘못된 메시지를 주지 않아야 하며 '너는 성적도 잘 나오는데 뭐가 문제냐'는 식으로 이들을 이해하지 못하는 태도를 삼가야 합니다. 많은 대화로 이들이 실수하거나 잘하지 못하더라도 괜찮다는 생각을 할 수 있도록 분위기를 조성하는 것이 중요합니다.

성취영재들은 타인에게 받는 기대 외에도 자신에게 높은 기대치를 설정하기 때문에 이들의 성취욕 자체를 부정하며 무조건적인 휴식을 강요하기보다는, 이들이 하는 일을 줄이거나 성취 목표를 좀더 현실적으로 수정하여 부담을 덜 가지면서 성취할 수 있게 돕기를 제안합니다. 영재들이 문제행동을 일으키는 원인은 타고난 기질, 미성취, 성취에 대한 부담감 등 다양하지만 그들을 돕는 방법은 같습니다. 그들이 느끼는 어려움을 이해하고, 판단하기보다는 받아들이며, 적극적으로 지지하는 것입니다.

앞서 소개한 종연이는 학년이 끝날 때까지 영어 과목에서 두드러진 성취도 향상을 보이지는 않았습니다. 제가 담임선생님이 아니었기 때문에 다른 과목은 어땠는지 모르겠지만 적어도 제 시간에는 긍정적인 태도 변화가 있었습니다.

심한 행동 문제를 일으킬 때마다 다른 아이들 앞에서 크게 꾸짖어 수치감을 주기보다는 아이를 남겨서 일대일로 대화하였고, 최대한 잘못된 행동의 배경에 어떤 심리가 있는지 이해하려고 노력하였습니다. 문제행동에 대해서 용납할 수 없다는 단호한 의지를 알려주면서도 그 행동들이 어째서 안 되는지를 아이가 이해할 수 있도록 구체적으로 설명했습니다. 시간이 갈수록 아이가 교실에서 느끼는 불안감이 덜해진다는 느낌을 받았으며, 교과서를 훼손하거나 다른 아이들을 방해하는 일이 줄어들었습니다. 부디 여러 어려움을 겪는 많은 영재가 좀더 이해와 지지를 받을 수 있기를….

5) 한때는 문제아였던 영재들

청소년문제 전문가 조쉬 쉽Josh Shipp은 한 학생을 소개하며 테드Ted 강연을 시작합니다. 선생님들로부터 '게으르고, 산만하며, 기억력이 떨어지는 아이'로 평가받고, 교장선생님으로부터 '뭘 하든 해내지 못할 아이'로 평가된 알베르트. 그는 상대성이론으로 잘 알려진 물리학자 아인슈타인입니다. 쉽은 그의 강연 '자녀의 정말 짜증나는 특성이 사실은 가장 큰 강점으로 밝혀질 수도 있습니다'에서 아인슈타인 외에도 한때는 문제행동을 일으키고 산만했지만 이후 큰 성취를 해낸 사람들을 소개합니다.[85]

간섭하기 좋아하고, 장난기가 많으며, 위험한 행동을 많이 했던 로니는 어느 날 부엌에서 위험한 실험을 하다가 집을 거의 태울 뻔했습니다. 그의 어머니는 화를 내기보다는 아들에게 과학적 호기심이 있다는 것을 깨닫고 다음부터는 좀더 안전한 곳에서 안전하게 실험할 것을 권유합니다. 로니 존슨Lonnie Johnson은 이후 80개가 넘는 특허를 보유한 발명가가 되었고, 수퍼소커Super Soacker로 잘 알려진 너프NERF 회사의 장난감 물총으로 엄청난 성공을 거두었습니다.

쉽의 요점은 '이상한 행동을 하라' 또는 '이상한 행동을 모두 수용해라'가 아닙니다. 혹시 자녀가, 자신의 학생이 이른바 '문제행동'을 할 때 그 행동에 숨겨진 장점을 발견하여 양분을 제공하라는 것입니다. 그는 '1. 짜증나는 행동에 대한 생각 전환하기Redirect the annoyance'와 '2. 재능 길러주기Cultivate the talent'로 그들의 잠재능력을 길러줄 수 있다는 것입니다. 로니 어머니는 로니의 과한 과학적 호기심을 긍정적인 면으로 보았고 위험한 부분은 보완하되 계속 실험할 수 있는 환경을 제공해주었기에 그가 끊임없이 도전하고 실패하며 마침내 성공할 수 있었던 것입니다.

올림픽 수영에서 23개 금메달을 따낸 마이클 펠프스Michael Phelps는 어린 시절 ADHD를 진단받은 것으로 알려져 있습니다. 그는 한 인터뷰에서 자신의 어린 시절에 대해 '가만히 있지 못하는 아이'로 회상하였습니다.[86] 아인슈타인과 마찬가지로 선생님으로부터 '해내지 못할 아이' '절대 성공하지 못할 아이'라는 말을 들었으며 다른 아이들과 다르게 대우받았다고 덧붙였습니다. 그의 어머니는 낙담했지만 이내 그를 도울 방법을 고심하며 읽기를 싫어했던 마이클에게 그가 좋아했던 스포츠에 관한 기사나 책을 보여줬으며, 수학을 싫어하는 아이에게는 '수영에서 1초에 3미터씩 간다면 500미터를 가는 데는 얼마나 걸릴까?'와 같은 질문들을 하며 그의 분산된 집중력을 좋아하는 것으로 쏟게 하였습니다.[87]

그의 어머니는 마이클의 넘치는 에너지를 수영으로 돌리게 했으며 산만했던 마이클이 수영을 좋아하면서 점차 자기관리 능력self-discipline을 키워가는 것을 보게 되었다고 합니다. 그의 어머니는 마이클이 수영에서 1등을 하지 못해 화를 주체하지 못할 때 스포츠맨십매너 및 에티켓이 이기는 것만큼이나 중요하다고 강조하며 그가 스스로 행동에 책임지는 법을 알게 하였습니다. 어머니의 맞춤형 교육과 10년 동안 단 한 번도 연습을 빼먹지 않은 마이클의 노력과 타고난 재능 덕분에 그는 일찍이 수영에서 두각을 나타내 15세에는 200미터 접영 세계신기록 보유자가 되었고, 그 이후에 금메달 23개를 포함한 올림픽 메달 28개를 따내며 '넌 아무것도 할 수 없어'라고 말했던 선생님에게 아무것 이상의 '엄청난 것'을 보여주며 할 수 있다는 것을 증명해내었습니다.

아마 우리 집에, 우리 교실에 이미 알베르트, 로니, 마이클 같은 아이들이 있을 것입니다. 우리 모두가 그 아이들의 문제 행동에만 집중하며 그 뒤에 감춰진 재능을 보지 못합니다. 값이 나가는 보석들의 원석 사진들을 보면 극히 평범해 보이는 원석들이 있습니다. 또 어떤 원석은 주변 돌들에 파묻혀 그 진가가 잘 드러나지 않습니다. 보석은 발견되고, 섬세하게 다듬어질 때 그 가치를 더욱 인정받습니다. 재능을 가진 모든 아이가 자신의 날개를 활짝 펼칠 기회를 얻기를 바라며….

CHAPTER. 02

혹시 영재일까?

앞서 글을 시작하기 전에 제가 사람들에게서 영재성과 함께 다니는 예민함, 고립감, 미성취감, 능력 숨김, 완벽주의 등을 확인하면 그다음에는 열심히 그 사람의 재능을 찾는다고 이야기했습니다. 재능을 찾는다는 것은 특정 분야의 뛰어난 영재성을 찾는 것을 의미하기도 하지만 영재성과 함께 파생되는 다양한 특성을 찾는다는 것을 의미하기도 합니다.

영재들은 자신이 좋아하고 잘하는 분야에 몰입하고, 좌절함에도 다시 일어나서 버텨내는 힘이 있습니다. 또한 사람들과 같은 것을 보더라도 다른 것을 찾아내고 여러 분야에 적용하며 새로운 것을 만들어내는 창의성을 갖고 있습니다. 때로는 사람들의 무릎을 치게 하는 탁월한 유머감각을 갖고 있으며,

도덕적 딜레마 상황에서 여러 의견을 고려하고 최선의 선택을 하려는 도덕적 판단력이 우수합니다. 이들은 대체로 또래에 비해 정서적으로 성숙하며, 뛰어난 직관으로 빠르게 사고하거나 깊게 생각하느라 보통보다 시간을 더 들이기도 합니다. 영재들은 이러한 특성들을 종합하여 자신의 영재성을 키워나갑니다.

1. 포기하지 않는 끈기 - 과제집착력

1) 몰입과 과제집착력

"당신은 왜 똑같은 티셔츠만 입나요?"

질문을 받은 서른 살 청년은 멋쩍게 웃으며 답했습니다.

"저는 제 삶을 최대한 단순하게 만들고 싶습니다. 결정해야 하는 일을 최소화해서 제가 하는 일에 집중할 수 있게 말이지요. (중략) 저는 매일같이 10억 명이 넘는 사람을 위해서 서비스를 제공하는 아주 감사한 일을 하고 있습니다. 그런데 제가 제 에너지를 별로 중요하지 않은 일들에 써버리면 제 일을 제대로 하지 않는 느낌이 듭니다. 그래서 쓸데없는 곳에 에너지를 낭비하지 않음으로써 제 에너지를 최고 제품과 서비스를 제공하는 데에 사용합니다."

마크 저커버그Mark Elliot Zuckerberg는 2019년 기준 시가총액 한화 500조가 넘는 소셜 네트워크 서비스 페이스북의 창업자이자 CEO입니다. 그의 회색 반소매 티셔츠와 후드티는 그의 '한 가지에 대한 몰두'를 상징적으로 보여줍니다. 저커버그를 소재로 한 영화 〈소셜 네트워크The Social Network〉데이비드 핀처 감독, 2010에서 그는 대학 시절부터 옷차림에는 별 신경을 쓰지 않으며 컴퓨터 프로그램 개발에만 열중하는 괴짜로 그려집니다. 재미있는 사실은 저커버그를 연기한 제시 아이젠버그Jesse Eisenberg가 이 영화로 20여 개 영화상의 후보로 올랐으며 5개 영화상을 수상한 것입니다. 그 또한 연기자로서 자신의 일에 몰입하여 좋은 성과를 얻어낸 것이지요.

자신이 좋아하는 일 또는 하고 있는 일에 푹 빠져 파고드는 것을 몰입이라고 합니다. 앞서 영재성을 새롭게 정의한 렌줄리에 따르면 영재는 평균 이상의 지능, 높은 창의성과 과제 집착력을 보입니다. 과제 집착력이란 관심 분야에 열정적으로 몰입하는 것을 말하며 과제 집착력이 높은 사람들은 성취동기, 자신감 또한 높고 자신이 하는 일의 기준을 높게 설정합니다.[88] 관객 수천 명 앞에서 1시간 반가량을 오로지 자신의 악기 연주에만 몰두하는 일, 정해진 코스를 최대한 빠른 시간에 주파하는 일, 점보다도 작은 입자를 현미경으로 관찰하는 일, 주어진 수학 명제가 옳거나 그르다는 것을 증명하는 일, 사물을 면밀히 관찰하고 평면에 입체를 그려내는 일, 머릿속의 생각을 언어로 표현해내는 일 등 많은 분야에서 탁월성을 보이기 위해서는 고도의 집중력이 필요합니다.

영재는 이러한 집중력을 발휘하는 몰입을 잘한다는 사실이 여러 연구 결과에서 나타났습니다. 서울지역 교육청과 영재 학급에서 과학영재로 선발되어 교육받는 초등학교 5, 6학년 126명과 일반 공립 초등학교 학생 133명을 대상으로 한 연구에 따르면 과학영재 학생이 일반 학생보다 학습몰입에서 높은 평균을 나타냈습니다.[89] 또한 영재학교 고등학생 158명, 이 학교에 선발되어 영재 수업을 받는 중학생 120명과 일반 중·고등학교 학생 350명을 대상으로 한 연구에서 영재들이 일반 학생보다 더 높은 과제집착력을 보였습니다.[90]

이들의 높은 과제집착력은 다보로프스키의 영재의 과흥분성 다섯 가지 특성 중 지적intellectual 흥분성과 밀접한 연관이 있습니다. 지적 흥분성이란 무언가를 배우는 것에 열정적이며 한 가지를 깊이 파고드는 특성을 말합니다. 지적 흥분성이 높은 영재들은 호기심이 많으며, 지식을 알게 되거나 새롭게 배우는 것을 좋아합니다.[91] 그들은 또한 문제 해결을 좋아하며 분석적으로 사고하는 특성이 있고 질문을 많이 하기도 합니다.

미국 드라마 〈그레이 아나토미Grey's Anatomy〉에 나오는 '크리스티나 양Sandra Oh'이 지적 흥분성을 보이는 영재의 예라고 할 수 있는데요. 드라마 초반부에 병원 인턴으로 등장한 그녀는 좀더 배울 기회를 얻기 위해 최대한 많은 수술에 참여하고 싶어 하며, 다른 인턴들보다 적극적으로 질문하고 공부도 많이 합니다. 과하게 보일 정도로 경쟁심을 불태우며 배움에 열정적인 그녀는 극중에서 스탠퍼드 의대를 최우수졸업한 것으로 나오며, 넘치는 지적 열정으로 인턴 때부터 실력을 인정받습니다.

몰입은 학업 성취도뿐 아니라 행복감에도 영향을 줍니다. 인문계 고등학생 518명을 대상으로 한 연구에 따르면 이들의 학습몰입 정도가 실제 학업 성취도에 영향이 있는 것으로 나타났습니다.[92] 초등학교 일반 학생과 영재 학생 총 241명을 대상으로 한 연구에서 일반 학생, 영재 학생 모두 학습몰입도와 행복감이 상관관계를 보였습니다.[93] 일반인과 성인 영재 전체 555명을 대상으로 한 연구에서도 두 그룹 연구 참여자의 과제 집착력과 행복감이 유의한 상관관계를 나타냈습니다.[94] 정리하면, 영재의 높은 지적 호기심과 과제 집착력은 이들이 성취할 수 있게 하는 원동력이 되며 이들의 행복과도 밀접한 관계가 있습니다.

2) 빛나는 투지와 끈기, GRIT

저는 우리나라의 정현 선수가 2018 호주오픈에서 좋은 성적을 내면서부터 테니스에 관심을 두기 시작했습니다. 호주 방송에서는 여러 채널에서 자주 테니스 경기를 중계해주었는데 어느 날 우연히 여자 선수 경기를 보게 되었습니다. 1세트와 2세트를 4-6, 6-4로 두 선수가 각각 한 세트씩 가져가며 팽팽한 경기가 진행되고 있었습니다. 그때 저는 테니스를 막 좋아하기 시작한 때라 테니스 용어도 잘 모르고 그냥 몇 점을 내면 이기는지 정도만 대충 알고 있었으며, 여자 테니스 선수 이름은 윌리엄스 자매밖에 몰랐습니다.

한여름이던 1월 말, 두 선수는 땀을 뻘뻘 흘리며 사력을 다해 경기를 하고 있었습니다. 두 선수 모두 훌륭한 경기력을 선보였지만 무엇보다도 저는 빨간색 경기복을 입은 선수에게 눈이 더 갔습니다. 이 선수는 절대 포기하지 않겠다는 투지에 가득한 눈빛으로 한 점 한 점 무섭게 집중했으며, 실수하거나 지고 있을 때도 무너지지 않았고, 상대의 매치포인트한 점만 내면 경기를 이김를 세 번이나 극복해냈습니다.

그렇게 저는 처음 보는 선수를 열심히 응원했습니다. 무려 2시간 22분이나 계속된 이 경기는 마지막 세트를 15-13으로 제가 응원하던 빨간색 경기복의 시모나 할렙Simona Halep 선수가 이기며 끝났습니다. 나중에 찾아보니 루마니아 출신인 시모나 할렙은 당시 세계 랭킹 1위였습니다. 할렙은 이 경기 이후에도 세계 최강의 선수들을 꺾고 결승에 진출했지만 아쉽게 우승하지는 못했습니다. 그러나 그로부터 4개월 뒤 그의 나이 25세 때 생애 최초로 그랜드 슬램 중 하나인 프랑스오픈에서 우승했으며, 1년 뒤에는 윔블던선수권대회에서 우승 트로피를 들어 올렸습니다.

최근 떠오르는 용어인 그릿grit은 심리학자 앤젤라 더크워스 Angela Duckworth가 《그릿Grit》2016을 출간하면서 널리 알려지게 되었습니다. 앤젤라에 따르면 그릿은 열정, 집념, 투지, 끈기를 포괄하는 말이며 성공하는 사람들이 공통적으로 갖추고 있는 특성입니다. 앤젤라는 수년간 연구한 결과 성공에 결정적인 영향을 미치는 것이 끈기라는 사실을 밝혀냈습니다. 앤젤라는 엘리트 중의 엘리트가 모이는 미국 육군사관학교에서 입학 첫해에 있는 7주간의 집중훈련 때 생도의 무려 60% 이상이 그만두는 것을 두고, 왜 어떤 이들은 오전 5시에 일어나서 오후 10시에 일과가 끝나는 혹독한 훈련을 이겨내며, 어떤 이들은 중도 포기하는지 알아내고자 하였습니다.

앤젤라는 2004년, 생도 1,218명에게 그릿 척도를 작성하게 하였으며 이후 최종 수료자들과 탈락자들의 응답을 비교·분석하였습니다. 그 결과 SAT 성적 및 고등학교 석차, 신체적 적합성, 리더십 능력, 종합 전형 점수가 아닌 그릿이 생도들의 수료를 예측하는 결정적 변수라는 사실이 밝혀졌습니다. 앤젤라는 그밖의 다른 연구들에서도 그릿이 성공에 중요한 역할을 한다는 점을 밝혀냈습니다. 앤젤라의 연구 결과 어려움 속에서도 끝까지 해내고 자신의 분야에서 성공하는 사람들은 좌절함에도 굳건한 의지로 회복해내는 힘이 있었고, 자신이 원하는 것을 정확하게 인지하고 이해했습니다.

위의 연구 결과에서 그릿이 극한의 훈련을 견뎌내는 중요한 변수였지만 성적은 그렇지 못했다고 해서 그릿과 성적이 연관관계가 없는 것은 아닙니다. 2004년 뛰어난 성적으로 미국 육군사관학교에 입학한 생도들의 그릿 평균이 3.78인 반면 2004년과 2005년 설문에 참가한 25세 이상 일반인 1,545명의 그릿 평균은 3.65로 생도들의 평균이 더 높았습니다.[95] 비교군의 나이가 일치하지 않기 때문에 이러한 비교가 적절하지 않다고 생각한다면 앤젤라가 수행한 다른 연구 결과에서 그릿과 성적의 관계를 재확인할 수 있습니다.

상위 4%의 SAT 성적을 받아야 입학한다는 아이비리그 대학 중 하나인 펜실베이니아 대학교 학생 139명의 그릿 척도 점수와 대학 성적의 관계를 분석한 결과, 그릿 평균이 높은 학생들이 그렇지 못한 학생보다 높은 학점을 받았습니다.[96] 또한 앤젤라와 연구진은 일반인 1,545명의 그릿 점수와 이들의 학력 간의 관계도 밝혔는데 학력이 높은 사람들이 좀더 높은 그릿 평균을 나타냈습니다.[97] 성적도 결국 학업의 결과물로, 끈기와 자기 조절이 필요하기 때문에 그릿과 학업 성취도가 연관된다는 사실은 어쩌면 당연한 결과일지도 모르겠습니다.

그렇다면 영재들의 그릿은 어떠할까요? 앤젤라가 개발한 그릿 척도를 사용해서 영재와 일반 아동의 그릿을 비교하고자 하였습니다.[98] 과학영재교육을 받는 초등학교 5, 6학년 48명과 일반 학생 70명을 대상으로 한 연구에 따르면 과학영재의 그릿 평균이 일반 학생들의 평균보다 월등히 높았습니다. 같은 그릿 척도를 사용하여 고등학생을 대상으로 한 연구에서도 같은 결과가 나왔습니다.[99] 영재 고등학교 학생 151명의 그릿 평균이 일반 고등학교 학생 340명의 평균보다 높았으며 통계적으로 높은 수치를 보였습니다.

이러한 결과는 영재들이 갖고 있는 높은 과제 집착력과 관련이 있을 것으로 추측됩니다. 실제로 국내의 한 연구 결과 고등학생들의 그릿 수치와 과제 집착력은 상관관계를 보였으며 과제 집착력은 다시 이들의 과학 성취도와 유의한 상관관계를 나타냈습니다.[100] 연구 결과 영재들은 일반 아동보다 높은 투지, 끈기, 집념을 보였으며 그릿은 이들의 과제 집착력 및 성취도와 관련이 있었습니다.

그렇다면 이들은 구체적으로 어떻게 그릿을 사용할까요? 2011년 테니스 US오픈 준결승전에서 노박 조코비치Novak Djokovic가 보여준 투지가 그릿의 좋은 예가 될 것 같습니다. 그는 총 5세트 중 3세트를 이기면 승리하는 경기에서 로저 페더러Roger Federer에게 2세트까지 내리 지면서 궁지에 몰렸습니다. 그는 포기하지 않고 3, 4세트를 따내며 승부를 원점으로 돌렸지만 페더러가 5세트를 앞서가며 매치포인트에 먼저 도달했습니다. 모든 관중이 페더러의 한 점을 응원하던 그때 조코비치는 로켓과 같은 리턴과 함께 한 점을 따냈고 분위기를 타서 한 점, 한 점 나아가서는 경기를 뒤집고 세트 스코어 3:2로 승리했습니다. 경기 후 어떻게 이걸 해냈는지 묻는 기자들의 질문에 그는 이렇게 답했습니다.[101]

"침착함을 잃지 않고 긍정적으로 생각해야 했습니다. 저는 제가 이걸 회복하고 이겨낼 수 있다는 걸 알고 있었거든요."

"계속 집중하며 한 점 한 점 따라가려고 노력했습니다."

"관중들이 일방적으로 상대를 응원하고 경기가 수세에 몰리는 이런 압박을 이겨내기 위해 매일같이, 꾸준히 그리고 열심히 훈련하는 것입니다."

"두 세트를 내리 지고 있을 때 계속 저 자신에게 '회복할 수 있다'고 말했습니다. 저는 경기를 이기고자 하는 마음이 충분히 있었고 그러기 위해서는 싸워야 했습니다. 그리고 그렇게 했지요."

조코비치는 결승에서도 승리하여 우승하며 다시 한번 성취에서 그릿의 영향력을 증명해내었습니다. 재능 있는 많은 아이가 그가 그랬듯 머리는 침착하게, 마음은 뜨겁게 하며 빛나는 투지로 어려움을 극복해내 원하는 바를 이루어낼 수 있기를 바랍니다.

2. 남들과는 다른 걸 보는 눈 - 창의성

1) 영재와 창의성

2011년 어느 날, 초등학교 5학년 과학 수업 중 작은 체구에 눈빛이 날카로운 아이가 교실 뒤쪽에서 조용히 손을 들고 차례를 기다렸습니다.

"위에서 위산이 나와서 음식들이 녹는다고 하셨잖아요."

아이는 잠시 뜸을 들이고는 말을 이어갔습니다.

"그럼 왜 위산이 묻은 음식물이 지나가는 소장은 괜찮아요?"

그날을 생생하게 기억하는 이유는 제가 그 순간 엄청나게 당황했기 때문입니다. 교과서에는 '위에서 위액이 나오고 음식이 분해된다' '소장에서 소화를 돕는 액체들이 나오고 영양소를 흡수한다' 정도만 기술되어 있었습니다.

"그건… 어… 소장에서 그걸 중화해주는 액체가 나와서 괜찮은 거야. 좋은 질문인데?"

수업이 끝나기가 무섭게 제가 한 답이 맞는지 찾아보았고 소장으로 분비되는 이자액과 쓸개즙 모두 알칼리성으로 위에서 내려온 음식물들을 중화한다는 사실을 확인하고 안도의 한숨을 쉬었습니다.

긍정적인 의미로 저를 당황시킨 아이가 또 한 명 있었습니다. 과학실에서 용액의 진하기를 구분하는 실험을 했는데 한 비커에는 흑설탕을 한 스푼, 다른 비커에는 열 스푼을 넣어 색의 진하기를 비교하는 실험을 한 번 하고, 다음 시간에는 농도차를 이용하여 시험관에 설탕물 탑을 쌓는 실험을 했습니다.

설탕물 탑을 쌓는 방법은, 같은 양의 물이 담긴 비커 세 개에 백설탕을 한 스푼, 열 스푼, 스무 스푼을 넣어 농도차를 크게 달리한 다음 서로 다른 색소를 넣어 농도가 진한 설탕물부터 기울인 시험관에 스포이트로 천천히 흘려보내 층을 만듭니다. 이때 성급하게 물을 빠르게 흘려보내 설탕물이 섞이면서 층이 잘 안 만들어지는 경우가 많았습니다. 그래서 몇 팀이 성공하면 몰려가서 구경하느라 정신이 없었습니다. 그러던 중 평소에도 질문이 많았던 한 아이가 호기심에 넘치는 질문 하나를 했습니다.

"선생님, 농도를 다르게 해서 탑을 만들 수 있으면 지난 시간에 했던 흑설탕으로도 탑을 만들 수 있겠네요? 색소도 안 쓰고요."

"그거 좋은 아이디어다."

순식간에 모든 시선이 저와 그 아이가 있는 테이블로 향했습니다. 지난 시간과 같이 한 비커에는 흑설탕 한 스푼, 다른 비커에는 열 스푼을 넣어 저은 후 좀더 진한 설탕물을 먼저 시험관에 넣고 기울인 후 스포이트로 천천히 다른 설탕물을 흘려 넣었습니다. 그리고 아이들은 시험관에서 뚜렷한 층을 확인할 수 있었습니다. 5학년 6개 반 160여 명을 가르쳤지만 위의 두 아이와 같은 질문을 한 아이는 이들을 제외하면 한 명도 없었습니다. 이 아이들은 다른 아이들과 같은 지식을 갖고도 다른 시각에서 한 단계 더 나아가 생각하는 능력이 있었습니다.

많은 학자는 창의성에 대해 '독창적이고 유용한 것'이라는 정의를 내립니다.[102] 이들의 정의대로 우리는 일반적으로 '기존에 없는 새로운 것을 만들어내는 것'이 창의적인 것이라고 생각합니다. 그러나 기존의 지식을 다르게 해석하고 재구성하는 것도 창의성의 범주에 속할 수 있습니다.

영국의 작가 아서 쾨슬러Arthur Koestler는 창의성을 "창의적인 행동이란 무에서 새로운 것을 창조하는 것이 아니라 기존에 이미 있던 사실, 생각, 능력을 발견·선택하며 재구성하고 결합하는 것을 의미한다"[103]라고 정의했습니다.[104] 그의 정의에 따르면 주어진 정보들을 새롭게 결합하거나 아는 것을 다양하게 적용하는 것 또한 창의성이라고 할 수 있습니다. 그런 의미에서 위의 두 아이는 과학적 창의성이 있는 아이들이었습니다. 늘 배우는 것을 토대로 의문을 갖고 그것을 해결하고자 하는 지적 호기심이 남달랐습니다. 놀라울 것도 없이 이 아이들의 과학 수행평가 성적은 우수했습니다.

영재와 창의성의 밀접한 연관은 방대한 양의 연구 결과가 증명합니다. 논문 검색창에 '영재'와 '창의성'이라는 키워드를 치면 한글 검색으로는 2,400여 개, 구글 학술검색에서 같은 키워드를 영어로 치면 약 29만 3,000개의 검색결과가 나옵니다2019년 7월 기준. 초등 4~6학년 영재와 일반 아동 각 105명씩을 대상으로 토렌스 창의성 검사 결과를 비교한 연구에 따르면 유창성, 독창성, 정교성의 하위항목에서 영재 아동이 일반 아동보다 더 높은 평균을 보였습니다.[105] 같은 도구를 사용하여 중학생 과학영재와 일반 학생, 고등학교 체육 영재와 일반 학생의 창의성을 비교한 연구에서도 영재의 창의성 평균이 일반 학생보다 유의하게 높은 것으로 나타났습니다.[106] 앞서 살폈듯 영재는 상상력이 풍부하며 높은 지적 호기심으로 일반 아동보다 남다른 창의성을 보입니다.

2) 창의성에 대한 우리의 이중성

우리는 자주 다른 사람들의 창의적인 능력에 흥미를 보입니다. 유튜브에서 인기 있는 동영상들을 보면 악기를 이용하여

동물의 소리 내기, 다양한 방식으로 공을 던져서 목표물 맞히기, 모래로 그림그리기 등 우리가 주변에서 보는 소재들로 신선함을 선보입니다. 온라인에서 오프라인 교실로 가보겠습니다. 한 아이가 질문을 합니다.

장면 1

"선생님, 쓸개즙은 어디에서 만들어져요?" / "간에서." / "그런데 왜 쓸개즙이라고 불러요?" / "쓸개에서 저장하니까." / "그럼 저장했다가 어디로 나가요?" / "교과서에 있어? 없으면 시험에 안 나오니까 그만 물어봐."

장면 2

"우리 지난번에 배웠던 흑설탕으로도 농도를 다르게 해서 층을 만들 수 있을 것 같아." / "야, 교과서에 그런 거 없잖아. 선생님한테 혼나." / "그래도, 우리 배운 거 활용하면 될 것 같은데." / "그냥 이거나 해. 시간 없어."

밀러[107]는 우리가 새로운 것을 원하면서도 종종 창의적인 아이디어를 받아들이지 않는 모순적인 모습을 보인다고 지적합니다. 또한 웨스트비와 도슨[108]은 선생님들이 교육에서 창의성의 중요성을 인지하면서도 창의적 성향을 지닌 아동들을 꺼린다고 주장했습니다.

국내의 한 연구자는 초등 영재 132명에게 '사람들은 창의성이 중요하다고 하면서 창의적인 주관식 답은 틀렸다고 한다'와 같은 창의성에 대한 사람들의 부정적 진술 55개에 대한 공감 정도를 6점 척도(1점-매우 그렇지 않다, 6점-매우 그렇다)로 매기게 했습니다. 평균은 3.68로 영재들은 대체로 사람들의 창의성에 대한 부정적 태도에 대한 진술에 공감하는 편이었습니다. 이 중에서 평균 4.5가 넘는 진술들은 아래와 같습니다.(pp. 26-27)[109]

- 어른들은 공부만이 살길이라고 생각한다.4.5
- 어른들은 공부할 때 나만의 답이 아니라 정해진 답을 쓰라고 한다.4.51
- 학교에서는 창의성을 강조하지만, 동시에 '꼭 ~해야 한다'고 규칙을 정해놓는다.4.52
- 세상에는 원래 그런 것이 너무 많다.4.71
- 사람들은 위험한 것에 도전하기보다는 안전한 것을 선호한다.4.97
- 선생님은 수업을 받을 때는 항상 바른 자세로 앉아야 한다고 말씀하신다.5.16

사람들이 창의성에 모순적인 태도를 보이는 데 대한 진술의 공감도도 높은 편이었습니다.

- 사람들은 창의성이 중요하다고 하면서 창의적인 주관식 답은 틀렸다고 한다.[4.2]
- 창의적인 삶이 좋은 삶이라고 하면서 정작 그 말을 하는 사람은 창의적이지 않게 산다.[4.24]
- 사람들은 조금 새로운 것은 받아들이지만 완전히 새로운 것은 불편하게 생각한다.[4.37]

창의성에 대한 교사의 모순적인 태도를 연구한 것도 있습니다. 1999년부터 2015년 사이에 출판된 '창의성에 대한 교사의 태도'에 관한 학술지 논문들을 분석한 연구에 따르면, 많은 연구에서 교사들이 표면적으로는 창의성을 지지한다고 하나, 실제로는 그렇지 못하다는 사실을 밝혀낸 것으로 드러났습니다.[110]

국내 초등교사 289명을 대상으로 한 연구에서, 교사들은 아동의 창의적 특성논쟁을 좋아함. 도전을 좋아함 등보다 모범적 특성친구들과 잘 어울림. 수업에 집중함 등을 선호도에서 우선순위로 두었습니다.[111] 같은 연구에서 교사들은 창의성 교육이 중요하다는 것을 인정하면서도 현장에서 잘 이루어지기 어려운 이유로 '학급 운영의 수월성을 위해' '정해진 시간 안에 가르칠 내용이 너무 많아서' '일부 창의적 아동들의 행동이 부적절해서' '우리 반만 뭘 하면 다른 반이랑 비교되어서' 등을 이야기했습니다.

외국의 연구에서는 교실에서 창의성 교육이 잘 이루어지지 않는 이유로 교사들이 창의적인 수업을 준비하고 실행하는 것과 교실에서 아이들의 창의성을 북돋는 것에 대한 준비가 잘되어 있지 않음을 지적합니다.[112] 창의성 수업에 대한 준비가 잘되어 있지 않기 때문에 익숙한 수업 방식대로만 진행하는 경향이 있는 것이지요. 멀릿Mullet과 연구자들은 교사와 학자들이 '창의적 특성'을 바라보는 데에 시각 차이가 있다고 말합니다.

예를 들어 교사들은 창의성을 생각할 때 사회적 순응성, 지적 능력, 예술적 능력, 상상력, 호기심 등을 떠올리는 반면 학자들은 개방성, 위험 감수risk-taking, 비판적 사고, 유연함, 예민함, 문제제기, 순응하지 않음 등을 창의적 특성과 연결짓는다고 하였습니다. 즉, 영재의 창의적 특성에서 올 수 있는 행동 중에서는 사회적으로 선호되지 않는 것들이 있는데의문제기, 순응하지 않음 등, 교사들이 이를 '창의적 특성'이라고 인지하지 못하는 경우 문제행동으로 간주한다는 것입니다. 앞서 살폈듯 교사의 영재에 대한 부정적 태도는 영재의 학교나 교사에 대한 반발로 이어져 부정적 태도의 악순환을 낳을 수 있습니다.

우리나라 교육기본법 제1장 제9조는 "학교교육은 학생의 창의력 계발 및 인성人性 함양을 포함한 전인적全人的 교육을 중시하여 이루어져야 한다"라고 되어 있습니다. 이는 학교에서 단순히 지식을 전달하는 것만이 아닌 학생의 인성과 창의성 교육이 같이 이루어져야 함을 의미합니다. 그러기 위해서 저는 두 가지가 필요하다고 생각합니다.

첫째로 교사가 창의적 수업을 할 수 있는 역량을 갖추어야 합니다. 교사협의회, 연수 등에서 창의적 발문과 수업 방안 등에 대해 토론할 수도 있고 예비교사를 대상으로 하는 대학수업에서 다룰 수도 있습니다. 둘째로 우리가 창의적인 특성을 보는 눈을 갖고 일상생활과 교실에서 아이들의 창의성을 발견하고 북돋아주는 것인데, 저는 이게 그 어떤 것보다 중요하다고 생각합니다. 창의성으로 똘똘 뭉친 아이가 하는 말과 행동을 보고도 그냥 넘어가는 것은 눈앞의 보석을 돌로 알고 지나치는 것과 다를 바 없다고 생각합니다. 창의성은 발견되고 계발될 때 더욱 의미를 갖습니다. 더 많은 아이의 창의적 재능이 발견되어 빛을 낼 수 있기를 바랍니다.

3. 코미디언은 사실 똑똑하다? - 유머

1) 영재의 유머감각
"여러분은 '네가 하버드대를 나왔다고?'라는 말을 평생 듣게 될 것입니다. 거스름돈을 어쩌다 실수로 잘못 계산했을 때도, 철물점 직원에게 케이블 작동방법을 물어볼 때도, 거인이 된 기분을 내려고 조카의 인형의 집에 들어갔다가 머리가 끼어서 안 나올 때도 '그래서 하버드를 나오셨다고요?'라는 말을 듣습니다."

지루해질 수 있는 20분의 졸업 연설에서 쉴 새 없이 사람들을 웃게 만든 그는 미국 명문 하버드 대학교 출신 방송인 코난 오브라이언Conan O'Brien입니다. 그는 30년이 넘게 스탠드업 코미디언, 작가, 토크쇼 진행자로 활약하면서 입담을 과시해왔습니다. 그는 자신이 하버드 대학교를 졸업했다는 사실을 종종 유머로 활용합니다.

'코미디언은 머리가 좋다'는 말이 있습니다. 사실 다른 사람들을 웃기는 데는 타고난 센스와 순발력, 다른 사람들의 감정을 읽는 능력, 능청스러운 연기력 등이 필요합니다. 쉬워 보일지라도 결코 쉬운 일이 아니지요. MBC 개그맨 4기 공채로 선발되어 환상의 개그 콤비로 불린 서경석, 이윤석 씨는 위트만큼이나 화려한 학력으로 주목을 받았습니다. 서경석 씨는 육군사관학교에 수석 입학했다가 이듬해 서울대학교 불문과에 입학·졸업했고, 이윤석 씨는 연세대학교 국문과를 학사 졸업한 후 중앙대학교에서 신문방송학 석사, 박사학위까지 마친 것으로 알려져 있습니다.

서경석 씨의 표정과 제스처, 목소리를 기가 막히게 따라 하는 개그맨 정성호 씨도 한 방송에서 중학교 때 전교 1등을 하는 등 학업 성적이 우수했다고 밝혔습니다. '개그콘서트'에서 능청스러운 연기로 주목받아 연말 연예대상에서 코미디상을 여러 번 받은 박지선 씨는 고려대학교 교육학과에서 한 학기에 거의 만점에 가까운 학점을 받은 것을 방송에서 공개한 적이 있습니다. 유행어 "그까이꺼 그냥 뭐 대충"으로 유명한 개그맨 장동민 씨는 뛰어난 추리력과 판단력, 그리고 리더십으로 방송 프로그램 〈지니어스〉에서 2회 우승 및 〈소사이어티 게임〉에서도 우승하며 사람들을 놀라게 했습니다.

지능과 유머감각의 상관관계를 밝히는 연구들이 있습니다. 한 연구진은 미국의 대학생 남, 여 각 200명씩 총 400명을 대상으로 레이븐스 매트릭스 테스트 12문항, 언어지능검사 46문항, 유머 만들기 검사를 실시하였습니다.[113] 레이븐스 매트릭스 검사는 8개의 주어진 도형 또는 그림을 보고 패턴을 추리하여 마지막에 오는 답을 맞히는 것으로 IQ 테스트에 많이 쓰이는 검사입니다.

언어지능검사는 연구 대상자에게 단어를 주고 그 단어와 의미가 가장 비슷한 단어를 주어진 5개 단어 가운데서 찾는 것입니다. 유머 만들기 검사에서는 연구 대상자에게 만화 세 편을 주고 각각의 만화에 어울릴 만한 재미있는 대화나 상황을 적도록 하였습니다. 학생 검사자 6명은 참가자들이 각각의 만화에 적은 것을 1점전혀 재미없음에서 7점매우 재미있음으로 채점하였습니다. 연구 자료를 분석해본 결과, 참가자들의 추리능력, 어휘력, 유머감각은 서로 유의한 상관관계가 있었습니다. 눈치가 좋고 말을 잘하는 것이 유머감각과 연관된다는 것은 어쩌면 당연한 결과인지도 모르겠습니다.

영재들은 뛰어난 지적 능력으로 주목받는 경우가 많지만 그들의 유머감각은 크게 알려지지 않은 편입니다. 아주 많지는 않지만 영재의 유머감각에 대한 연구도 여럿 있습니다. 미국의 7세에서 12세 사이 영재 74명을 대상으로 한 연구에서 영재들은 자신들의 유머감각에 대해 5점 만점으로 점수를 주었는데, 평균이 3.9점으로 대체로 자신이 유머감각이 있다고 판단하였습니다.[114]

이러한 결과는 국내 연구에서도 확인할 수 있었습니다. 국내 초등 영재와 일반 아동의 유머감각을 비교한 두 연구에서 모두 초등 영재의 유머감각과 관련된 문항의 평균이 일반 아동의 평균보다 유의하게 높은 것으로 나타났습니다.[115] 설문 문항은 자신이 유머를 좋아하는 정도와 유머 사용 빈도, 자신의 유머감각에 대한 평가, 사람들이 생각하는 자신의 유머감각 등을 포함하였습니다. 앞선 연구들과 같은 연구도구를 사용하여 영재 고등학생과 일반 고등학생의 유머감각을 비교한

연구에서도 같은 결과가 나왔습니다.[116]

영재가 일반 아동보다 고차원의 유머를 잘 이해한다는 연구도 있습니다. 4~8학년 영재 학생 60명과 일반 학생 60명에게 유머를 들려주고 그들의 반응과 이해도를 알아보고자 하였습니다.[117] 그는 아동용 잡지, 책 등에서 수집한 유머 2,000여 개 가운데 61개를 추려 연구 참여자가 아닌 학생 85명에게 그중 가장 재미있는 유머를 뽑도록 하였습니다. 연구자는 학생 투표 결과에 따라 농담, 난센스 퀴즈, 말장난, 풍자에서 각 4개씩 총 16개 유머를 선정했으며 차별을 두기 위해 재미있지 않은 대화도 4개 추가하였습니다.

유머는 예를 들어 "코끼리의 습격을 어떻게 막을 수 있을까?How do you stop an elephant from charging?"라는 질문에 "신용카드를 뺏으면 되지요Take away his credit card"라고 답하는 것입니다.(p. 140) 'charge'라는 말이 '습격하다'라는 뜻도 있지만 답하는 사람은 해당 단어를 '신용카드로 계산하다'는 의미로 해석한 것입니다. 이러한 식의 유머와 유머가 아닌 20개 대화 또는 문장을 아이 120명에게 들려주고, 훈련받은 평가자가 그들의 반응을 0=부정적 반응찡그림, 1=무반응, 2=살짝 미소, 3=크게 미소, 4=소리 내어 웃음의 5개 척도로 체크하였습니다.

연구 결과 영재 아이들이 일반 아동보다 총점 평균이 유의하게 높아 유머에 더 크게 반응한 것으로 나타났습니다. 유머에 반응했다는 것은 유머의 의미를 이해했다는 것으로도 해석할 수 있습니다. 실제로 연구자가 아이들에게 각각의 유머의 의미를 해석하게 하고 0=해석하지 못함, 1=부분적으로 해석함, 2=완전히 해석함으로 점수를 매겨 종합한 결과, 이번에도 영재 아동의 평균이 일반 아동의 평균보다 유의하게 높았습니다.

이러한 결과에 대해 홀트와 윌러드-홀트[118]는 영재들이 다의어의 다양한 뜻, 은유, 속담 및 숙어 등 용구에 대한 이해가 있기 때문에 유머에서 뉘앙스 차이와 유머의 적절성을 이해하는 것이라고 설명했습니다. 즉, 위의 사례에서 'charge'라는 단어에 뜻이 여러 개 있다는 것을 모르는 경우 유머를 듣고 이해하거나 웃을 수 없는 것이지요. 연구 결과들을 종합하면 영재들은 뛰어난 언어능력을 바탕으로 일상생활에서 유머를 자주 사용하며, 사람들로부터 대체로 유머감각에 대해 긍정적인 평가를 받는 것으로 나타났습니다.

2) 유머의 기능

"자, 얼른 집에 가. 선생님이 오늘 정리하고 대학원 가야 해서 일찍 나가야 해."

"선생님도 학원 다녀요?"

"크게 웃음웅, 아주 큰 학원 다녀."

허둥지둥 정리를 하다가 생각지도 못한 질문에 빵 터진 저는 아이의 유머 방식으로 대답하는 것을 잊지 않았습니다. 유머만큼이나 마치 아무 일도 없었다는 듯 표정 연기를 하는 아이가 어쩌나 재미있는지 모릅니다. 이 아이는 수학을 좋아하고 잘했으며, 무엇보다도 다른 사람의 감정을 읽고 공감하는 능력이 뛰어났습니다.

유머는 아동의 대인관계에 긍정적인 영향을 미칩니다. 앞서 살핀 초등 영재와 일반 학생의 유머감각 차이를 알아본 연구에서 영재와 일반 학생 모두 유머감각과 대인관계 능력이 관계가 있는 것으로 나타났습니다.[119] 특히 영재들은 일반 아동보다 대인관계 능력에 관한 검사도구 평균이 유의하게 높은 것으로 나타났습니다. 대인관계 능력 척도는 세 개 하위항목으로 구성되어 있는데, 각각 새로운 친구를 사귀는 능력, 친구 사이에 경청하는 의사소통 능력, 친구 사이에서 일어나는 갈등을 해결하는 능력 등을 측정하였습니다.

영재 아동은 이 세 개 하위항목 전체에서 일반 아동보다 더 높은 평균을 보였습니다. 앞에서 다룬, 영재 고등학교와 일반 고등학교 학생을 대상으로 유머감각과 리더십의 관계를 분석한 연구에서도 같은 결과가 나왔습니다. 두 그룹 모두 유머감각과 리더십은 서로 유의한 관계가 있었으며, 영재 고등학교 학생들의 리더십 평균이 일반 고등학교 학생보다 더 높은 것으로 나타났습니다.[120]

리더십 능력 척도의 7개 하위항목은 의사소통, 의사결정, 인간관계, 문제해결, 자기계발, 집단활동, 기획기술로 마찬가지로 모든 하위항목에서 영재고 학생들의 평균이 더 높았습니다. 두 연구 결과를 요약하면, 영재의 높은 유머감각이 친구 맺기, 의사소통, 문제 해결 및 리더십 능력에 긍정적인 영향을 준 것으로 추측할 수 있습니다.

영재는 유머를 대인관계뿐만 아니라 자신의 어려움을 극복하고 긍정적으로 바라볼 수 있게 하는 데에도 자주 사용합니다. 유머에는 다른 사람들과 관계에 긍정적 영향을 미치는 사회적 유머, 스트레스에 대처하며 어려운 상황 속에서도 긍정적인 시각을 잃지 않는 자기 강화 유머self-enhancing, 다른 사람을 비웃거나 조롱하는 공격적 유머, 자신을 깎아내리며 하는 자기 패배적 유머 네 종류가 있습니다.[121]

우리는 앞서 영재가 사회적 유머를 자주 사용한다는 사실을 확인했습니다. 그와 더불어, 영재와 일반 학생의 유머 스타일을 비교한 연구에 따르면 영재는 일반 학생보다 자기 강화 유머를 더 자주 사용하는 경향을 보이는 것으로 나타났습니다.[122] 자기 강화 유머의 문항은 '기분이 울적할 때면 나는 주로 유머로 기운을 북돋우는 편이다'와 같이 자신이 유머를 스트레스 해소와 기분 전환의 도구로 사용하는지와 관련되어 있습니다. 영재는 앞서 살폈듯 타고난 예민함 때문에 각종 정서적 어려움에 취약한 경향이 있지만, 그럼에도 끈기와 해학으로 여러 어려움을 극복해나갑니다.

우리는 슬프면서도 웃긴 상황을 우스갯소리로 '웃프다'고 말합니다. 앞서 소개한 코난 오브라이언은 자신의 웃픈 상황을 하버드 대학교 졸업 연설에서도 그대로 유머 소재로 삼았습니다. 그는 케이블쇼에서 해고당한 이야기, 하버드 학벌로 우쭐했지만 직업을 찾는 데에 전혀 도움이 안 되었다는 이야기, 자신이 대본을 쓴 텔레비전 프로그램의 시청률이 말도 안 되게 낮게 나온 이야기, 토크쇼 사회자를 할 때 비평가로부터 혹독한 비평을 받은 이야기 등 자신의 실패담을 유머로 승화하였습니다. 그의 농담은 재미있으면서도 뼈가 있습니다.

오브라이언은 자신의 실패담을 재미있게 말함으로써 가족과 사회의 기대를 한 몸에 받고 자란 하버드 졸업생들이 사회에 내던져졌을 때 겪을 수 있는 좌절과 고통을 미리 간접경험하면서도 지나치게 심각하게 받아들이지 않게 하였습니다. 그 어려운 상황들을 견뎌낸 오브라이언 자신도 아마 그 시간 속에서 유머로 자신의 상황을 긍정적으로 받아들이며 버텨낼 수 있었을 것입니다. 20분 가까이를 거의 농담에 가까운 말로 채우다가 연설 마지막에 가서 그는 진지하게 이야기합니다.

"실패는 여러분이 어디를 가든 도사리고 있습니다. 인생에서는 좋은 일만큼이나 어려운 일도 많습니다. 그렇지만 실수는 여러분이 있어야 할 자리로 가는 자신만의 특별한 방식이라는 것을 잊지 마세요."

4. 옳고 그름에 민감한 양심 - 도덕성

1) 영재와 도덕적 판단력

2007년 10월, EBS는 서울대학교 심리학과와 공동으로 '도덕성 변인에 관한 연구'라는 주제로 경기도에 위치한 두 초등학교에서 총 300명을 대상으로 280문항의 설문조사를 실시하였습니다.[123] 연구진은 도덕성 상위 30% 응답 학생 중 6명과 평균 점수 학생 6명을 초대하여 팀 시합과 개인전에서 잘하는 사람에게 보상을 주겠다며 이들의 도덕성을 테스트해보았습니다.

도덕성 상위 학생들은 보상을 받지 못할 수 있는 상황에서도 규칙을 지키며 팀 시합에 응했지만, 평균 학생들은 보상을 받지 못할까봐 반칙을 하거나 팀원들을 다그치는 경향을 보였습니다. 눈을 가리고 과녁을 맞히는 경우에도 도덕성 상위 학생들은 규칙을 지켰지만, 평균 아이들은 감독이 없을 때는 가리개를 벗고 과녁에 공을 던졌습니다. 설문 결과 도덕성이 높은 아이들은 실제로도 도덕적 행동을 했으며 이는 이들의 자제력,

집중력, 분별력 등과 같은 인지능력과 관련이 있었습니다.

글자로는 파랑이라고 쓰여 있지만 글자 색깔은 빨강인 경우 '빨강'이라고 읽는 자제력 테스트에서 도덕 상위 학생들이 평균 학생들보다 더 적은 시간이 걸렸습니다.[124] 이는 글자와 색깔 사이의 모순을 인지하고 보이는 대로 말하지 않으려는 자제력을 요구하는 검사로 검사 시간이 적게 소요될수록 자제력이 높은 것으로 해석할 수 있습니다. 또한 연구진이 300명의 설문 응답을 높은 도덕성을 보인 상위 30%와 하위 30%로 나누어 결과를 비교한 결과, 도덕성 상위 30% 학생이 하위 30% 학생보다 학습 집중도가 더 높은 것으로 드러났습니다. 이들의 도덕성은 학업 성취도와도 관련이 있었는데, 초등학생 155명을 대상으로 한 연구에 따르면 발달심리학자 로렌스 콜버그Lawrence Kohlberg가 제시한 6단계 도덕 수준에서 높은 수준의 도덕성을 보일수록 학업 성취도가 높은 것으로 드러났습니다.[125]

콜버그의 도덕발달 6단계란 인간이 성장함에 따라 도덕적 행동을 하는 판단 근거가 달라지는 것을 보여줍니다. 예를 들어 어렸을 때는 어른에게 혼나는 것을 피하거나 무엇을 했을 때 받는 보상을 바라며 도덕적 행동을 했다면1, 2단계, 성장함에 따라 다른 사람들에게 좋은 사람으로 보이기 위해 행동하며3단계, 나아가 사회 규칙과 보편적 도덕원칙을 준거로 판단 및 행동하는 것을 말합니다4~6단계.

콜버그는 인간은 인지발달과 함께 도덕발달 단계도 높아지지만 모든 사람이 마지막 단계까지 도달하는 것은 아니라고 덧붙입니다.[126] 도덕심리학자 레스트J. Rest는 '의사로서 고통받는 시한부 환자의 생명 포기 부탁을 들어주어야 하는가, 말아야 하는가'와 같은 딜레마 상황을 두고 어떤 판단을 해야 할지 결정할 때 어떤 것들을 고려해야 할지의사의 도리, 환자 가족의 의견, 환자의 의사결정권, 법의 적용 등를 콜버그의 도덕발달 단계를 이용하여 측정하는 도덕판단력검사Defining Issues Test, DIT를 개발하였습니다.[127] 객관식으로 되어 있는 DIT는 도덕판단력을 측정하는 데에 자주 쓰이며, 국내에서는 문용린이 1994년 번안한 KDIT와 초등학생 수준에 맞게 수정된 초등용 KDIT[128]가 많이 사용되고 있습니다.

KDIT를 사용하여 초·중·고 영재와 일반 학생의 도덕발달 단계를 비교한 연구들에 따르면 영재들이 일반 아동보다 유의하게 높은 도덕발달 단계를 보이는 것으로 나타났습니다.[129] 중·고등학교 과학영재를 대상으로 한 연구에 따르면 총점 45점 이상의 높은 도덕 수준을 나타낸 학생의 비율이 일반 중학생 31%, 고등학생 21%인 반면, 중학생 영재는 42%, 고등학생 영재는 48%로 그 비율이 훨씬 높았습니다.[130]

초등학생을 대상으로 한 연구에 따르면[131] 초등 영재의 평균이 일반 학생의 평균보다 최소 7점 이상 높은 것으로 드러났습니다. DIT에서 높은 점수를 받았다는 것은 콜버그의 도덕발달 6단계 중 상위 단계의 고려사항을 딜레마 문제에서 우선순위로 선택했다는 것을 의미합니다. 위에서 예를 든 안락사 문제에서 2단계의 고려사항은 '의사가 실수한 것처럼 일을 꾸며서 환자의 부탁을 들어줄 수도 있지 않을까?'로 자신에게 손해가 없는 계산을 하는 개인주의적 성향을 보이는 반면, 5단계의 고려사항은 '사회는 자살을 허락하면서, 또 살고 싶어 하는 사람들의 생명을 지켜주어야 하는 반대되는 두 가지 일을 잘할 수 있을까?'와 같이 도덕적 고려사항이 사회로 확장된 것을 확인할 수 있습니다. 영재들은 도덕문제 해결에서 문제를 개인 차원에서 사회 차원까지 확장하여 생각하는 경향이 있다는 것을 알 수 있습니다.

그러나 이러한 영재의 높은 단계의 도덕적 판단 능력이 반드시 실제 상황에 적용되는 것은 아닙니다. 앞서 KDIT를 사용하여 초등 영재와 일반 학생의 도덕 판단력을 알아본 한 연구에서, 연구자는 같은 연구 참여 학생들에게 실제 생활에서 도덕 딜레마에 대해 개방형 질문으로 묻고 그 상황에서 어떻게 행동하고 왜 그렇게 행동했는지 추가로 질문하였습니다.[132]

초등학생들의 실제 생활 도덕 딜레마의 주제는 거짓말, 주운 물건 반납, 착한 일 하기, 도둑질, 공중도덕 지키기 등으로 다양했습니다. 결과적으로 실제 생활 속 도덕적 딜레마 상황에서 도덕적 행동을 한 학생이 전체 영재는 38%, 일반 학생은 17%로 그 비율이 두 배 이상이지만 KDIT 점수가 영재 중 최상위인 두 학생은 결국 비도덕적 행동을, 하위 두 명은 도덕적 행동을 했다는 점을 미루어볼 때 도덕 판단력이 반드시 도덕적 행동으로 이어지는 것은 아니라고 할 수 있습니다. 이러한 경향은 일반 학생의 답변에서도 확인할 수 있었습니다. 생활 속 도덕적 딜레마 상황에서 도덕적 행동을 했다고 답한 대부분 일반 학생들의 KDIT 점수가 일반 학생 평균 이하였습니다. 그렇다면 어떤 것이 도덕적 판단과 실행 여부의 차이에 영향을 주었을까요?

도덕성의 실행은 '이것이 옳은 행동인가'라고 판단할 수 있는 인지능력과 양심, 공감능력, 이타성 등과 같은 감정의 영향을 받습니다.[133] 실제 도덕성의 실행은 정서적 요인을 배제할 수 없습니다. 올바른 판단이 행동으로 옮겨가기 위해서는 공감능력, 죄책감 등과 같은 도덕 정서가 필요합니다. 위의 연구에서 도덕적 행동을 한 초등학생들이 이유로 든 것 중에는 '그렇게 함으로써 내 마음이 편해지려고' '다른 사람 입장에서 생각해보니 그래야 할 것 같아서' '상대방이 안타까워 보여서' 등 심리적 이유를 든 경우가 대다수였습니다.[134]

중학생 317명을 대상으로 도덕성 판단력과 정서적 공감능력, 그리고 권장 또는 금지행동을 얼마나 자주 하는지를 측정하는 설문을 한 연구에 따르면, 도덕성 판단 능력과 정서적 공감능력 모두 권장 행동, 금지 행동에 유의한 영향을 미치는 것으로 나타났습니다.[135] 그중에서도 정서적 공감능력이 도덕성 판단보다 행동에 미치는 영향이 더 큰 것으로 드러나, 어떤 사람이 높은 도덕성 판단 능력을 지니더라도 공감능력이 떨어지거나 죄책감을 잘 느끼지 못한다면 비도덕적 행동을 저지를 수도 있다는 것을 시사했습니다.

2) 비윤리적이었던 영재들

우리는 종종 명문대를 졸업한 엘리트 정치인, 기업가, 고위 공무원들이 뇌물수수, 분식회계, 부정청탁 등 각종 비리에 연루되는 불미스러운 일들을 보아왔습니다. 앞서 살폈듯 한 사람의 뛰어난 인지능력은 도덕적 판단 능력과 관련되어 있지만 실제 도덕적 수행은 그 사람이 속한 환경이나 감정에 영향을 받습니다. 미국 엔론Enron사와 테라노스Theranos사의 파산 사례에서 우리는 똑똑한 사람들이 자신의 판단력과 지위를 이용하여 얼마나 비윤리적인 행동을 할 수 있으며, 잘못된 행동의 반복이 죄책감을 무디게 해서 결국 파국에 이르게 하는지를 확인할 수 있습니다.

한때는 미국 7대 기업 중 하나로 꼽혔던 에너지사 엔론은

6년 연속《포춘》선정 가장 촉망받는 기업으로 뽑혔고, 직원이 3만여 명이던 대기업이었습니다. 엔론의 CEO 케네스 레이Kenneth Lay는 경제학 박사까지 마친 수재였습니다. 그는 한 인터뷰에서 "엔론은 아주 정직한 거래만 합니다"라며 회사 내에서 청렴함을 신조로 삼았지만, 회사 직원 두 명이 회사 돈으로 기름값의 상승과 하락을 예측하는 도박에 광적인 투기를 하는 과정에서 장부를 조작하고 사적 이득을 취했음을 알면서도 회사에 금전적 이익을 가져다준다는 이유로 잘못을 묵인하고 오히려 부추기기까지 했습니다.

그는 엔론 파산 후에 자신의 잘못을 부인했습니다. 케네스 레이 이후 엔론의 CEO가 된 제프리 스킬링Jeffrey Skilling 역시 하버드 대학교 경영대학원을 졸업한 수재였지만 엔론의 중역으로 일하는 동안 온갖 부정을 저질렀습니다. 무리한 경영으로 회사의 실수익이 하락했지만 장부를 조작하고 유령회사를 세워 투자자들에게 투자금을 모집하였습니다. 그러는 와중에 외부적으로는 아무 문제가 없는 것처럼 인터뷰하며 이미지 만들기에 열을 올렸고 중역들은 성과급 잔치까지 벌였습니다. 표면적으로 주가가 급등하자 직원들은 자신들의 월급과 연금까지 동원해 엔론의 주식을 사들였지만 엔론의 파산을 예상한 대다수 중역은 회사가 파산하기 몇 달 전 주식을 전부 처분했고, 결국 그 피해는 고스란히 직원들과 일반 주주들이 떠안았습니다.

스킬링은 청문회에서 "저는 그 어떤 잘못된 일도 하지 않았고 늘 엔론과 회사 주주들을 위해 일해왔습니다"라며 잘못을 부정했으며 전혀 반성하는 기색이 없었습니다. 도덕적 해이는 이들뿐이 아니라 이 회사에서 중개인으로 일했던 직원들에게도 만연했으며 엔론과 관련된 변호사, 회계사, 은행가가 모두 이들의 부정을 알았지만 자신들의 이익과 연관되어 있었기 때문에 엔론 관련자들의 죄를 묵인하거나 협조하였습니다.[136]

엔론사 부사장이던 크리스티안 라스무스 홈스 4세Christian Rasmus Holmes IV의 딸인 엘리자베스 홈스는 스탠퍼드 대학교를 중퇴한 후 자신이 창업한 테라노스사의 CEO로 회사 가치는 한때 10조 원에 달했습니다. 엘리자베스는 테라노스가 이전의 방식과 다르게 캡슐 크기만큼 소량의 혈액만 채취하여 200여 개 질병을 진단한다고 홍보하며 실리콘밸리의 떠오르는 혜성으로 주목받았습니다. 그러나 엘리자베스가 홍보한 대로 소량의 혈액으로만 사람의 질병을 진단한다는 것은 처음부터 기술적으로 불가능한 일이었습니다.

엘리자베스는 전문가들이 기술 결함을 경고했음에도 무시하고 엔론사가 그랬듯 이미지 만들기에만 열을 올렸습니다. 잘못된 방법이 제대로 작동할 리가 없었기에 시연회에서는 미리 녹화해둔 영상을 틀었으며 회사의 결함이 밖으로 새어 나가는 것을 막기 위해 직원들에게 반강제적으로 비밀유지 각서에 서명하게 하여 이를 알리려는 직원들을 지속적으로 협박하기도 했습니다.

자신들이 개발한 기계가 오작동하는 경우가 많아 실제 진단은 다른 회사의 기계를 사용하였지만, 그럼에도 적은 혈액량으로만 진단하는 것은 한계가 많아 오진하는 사례가 잦았습니다. 그녀는 법정에서도 거의 표정 변화를 보이지 않으며 자신의 죄를 시인하지 않았고 '모르겠습니다'라는 진술을 600번도 넘게 반복하는 등 모르쇠로 일관하였습니다. 한때 10조 원에 달했던 회사의 가치는 휴지조각이 되었으며 엘리자베스는 사기죄 등의 혐의로 2019년 7월 현재 재판을 받고 있습니다.[137]

앞의 두 사례는 성적지상주의가 만연한 우리 사회에 경종을 울립니다. 특히 우리 교육이 학생들의 정서적 욕구를 외면하고 좋은 학업 성취만 강조한다면, 왜곡된 목적을 달성하기 위해 수단과 방법을 가리지 않는 비윤리적 엘리트들을 양산할 수 있습니다. 뛰어난 도덕 판단 능력이 실제 도덕 행동으로 이어질 수 있도록 영재들이 다른 사람들의 감정과 아픔을 같이 느끼는 공감능력을 갖출 수 있기를 바라며, 이와 더불어 사회의 정의를 밝히는 등불이 되기를 희망합니다.

5. 감정을 읽는 능력 - 정서지능

1) 영재와 정서지능

체육시간에 팀을 나누어 게임을 하고 나면 승패와 관련 없이 늘 잘못한 아이에게 비난이 돌아갑니다. 지는 경우에는 더 그렇습니다. '네가 패스를 나한테 안 했다' '네가 너무 느리게 뛰었다' '너 때문에 졌다' 등 비난의 종류는 다양합니다. 이럴 것을 대비해 게임 전에 '결과에는 승복하기다'라고 약속해도 아이들은 아이들이라 화나는 감정을 잘 조절하지 못할 때가 있습니다. 대체로 저는 이런 경우에 적극적으로 개입하지만, 아이들 중 친구들 입장을 이해하여 갈등을 잘 중재하는 아이가 있으면 아이들이 스스로 해결할 수 있도록 지켜보는 편이었습니다. 이들은 아이들의 비난의 화살이 한 친구에게 쏠리면 '너무 그러지 말자. 다 열심히 했잖아'라며 비난을 막아주거나 그 아이에게 가서 '잘했어. 괜찮아'라고 위로해줍니다. 신기한 것은 이 아이들은 높은 공감능력으로 반 아이들에게 호감을 얻기 때문에 이들이 '괜찮아'라고 말하는 순간 다른 아이들도 같이 가서 '괜찮아'라고 해준다는 것입니다.

예일 대학교 심리학 교수 샐로비Salovey와 뉴햄프셔 대학교 심리학 교수 메이어[138]는 "정서지능은 사회 지능의 한 부분으로 자기 자신과 다른 사람들의 감정을 살필 줄 알고, 감정 사이의 차이를 분별할 수 있으며, 사고와 행동을 할 때 정서 정보를 사용할 줄 아는 능력을 말한다"라고 정의했습니다. 여기서 주목할 점은 정서지능이 다른 사람의 감정을 읽고 공감하는 것뿐 아니라 자신의 감정이 어떠한지 이해하고 표현하는 것도 포함한다는 것입니다. 정서지능이 높은 아이들은 자신에게 친구가 기분 나쁜 말을 했을 때 바로 불쾌함을 표시하거나, 자신이 좋은 일이 있으면 숨김없이 기쁨을 표현합니다.

영재들은 자신과 타인의 정서를 읽고 이해하는 정서지능이 높다는 연구 결과가 많습니다. 국내 한 광역시 교육청 영재교육원에서 교육을 받는 초등학교 5, 6학년, 중학교 1, 2학년 학생 812명과 총 16개 초·중학교에서 표집된 학생 819명을 대상으로 한 연구에 따르면 영재의 정서지능 평균이 일반 학생의 평균보다 월등히 높았습니다.[139]

검사도구는 정서인식 및 표현, 감정이입, 정서의 사고 촉진, 정서지식의 활용, 정서 조절의 5개 하위항목으로 나뉘어 있었는데 정서 조절 항목을 제외한 모든 하위항목에서 영재의 평균이 더 높았습니다. 같은 검사도구를 사용한 다른 연구들에서도 영재의 정서지능 평균이 더 높은 것으로 나타났습니다.[140] 그뿐만 아니라 이들의 정서지능은 교우관계,[141] 리더십[142]에 긍정적인 영향을 미쳤습니다. 다른 친구들의 감정을 읽고 배려하며, 자신의 감정을 적절히 표현하는 것이 의사소통과 교우관계 및 리더십에 도움이 되는 것입니다.

그러나 우리가 주목해야 할 사실은 '영재가 정서지능이 높다'는 결론을 내린 위 연구들의 대상자가 '영재교육 대상자'라는 점입니다. 앞서 말했지만 한정된 영재교육 기회 아래 학업 성취가 뛰어나고 행동이 모범적이며 교우관계가 우수한 학생들이 영재교육 기회에 추천되는 경우가 더 많기 때문에, 연구 대상자들이 '이미' 정서지능이 높은 아이들 중에서 선발되어 당연한 결과가 나온 것일 수도 있습니다.

한편, 우리가 앞서 살핀 미성취영재의 특징을 다시 언급하면, 그들은 자신의 재능과 성취 사이의 괴리감으로 낮은 자존감과 자아 개념을 보이거나 불안해하며 적대적 성향을 보이기도 합니다.[143] 이들 중에는 다른 아이들의 감정을 배려하지 않거나 또래 관계 맺기를 어려워하는 경우가 많습니다.

우리가 영재의 정서지능에 대해 말할 때 영재교육을 받고 있는 영재와 미성취영재를 모두 포함한다면 정서지능에 대한 결론은 조금 다르게 나올 수도 있습니다. 영재의 정서, 정신건강에 관해서는 학자들끼리 의견이 갈리는 편인데, 영재는 일반 아동보다 정서적으로 안정되어 있다는 의견과 영재성으로부터 오는 각종 특성예민함, 완벽주의, 다르다는 느낌 등 때문에 정서적 문제에 취약하고 친구 관계 맺기를 어려워한다는 의견이 있습니다.[144] 마틴Martin과 연구진은 이것에 대해 학자별로 '영재의 정의'를 다르게 하기 때문이라고 분석합니다. 즉, 영재를 '성취한 학생'으로 제한할지, '성취와 관계없이 뛰어난 잠재력을 가진 학생 모두'로 확장할지에 따라 정서에 대한 검사 결과는 다르게 나올 수 있습니다.

국내의 영재 연구에서 영재 표본에 미성취영재가 포함이 안 되는 이유는 대체로 '영재'를 영재교육을 받는 학생으로 한정하기 때문입니다. 그러한 이유로 영재에 대한 연구 결과가 긍정적인 경우가 대다수입니다 좋은 교우관계, 부모님·선생님과 관계, 행복도, 자기효능감 등. 외국의 경우에는 '영재'에 대해 이야기할 때, 물론 성취를 바탕으로 영재를 정의하는 경우도 있지만 IQ 검사 등의 결과로 잠재력이 있다고 판단되는 아이들을 영재로 정의하고 연구하는 경우도 많기 때문에 영재의 정서와 관련된 연구에서 상반된 결과들이 나오는 것입니다. 제가 국내 영재 선발에서 IQ 검사를 적용하자고 주장하는 것이 아닙니다. 제 요지는, 영재의 성취 여부가 이들의 정서지능과 관련이 있을 수 있다는 것입니다.

2) 정서지능의 영향

정서지능과 성취도의 관련성을 밝히는 연구들이 있습니다. 파커Parker와 연구진은 미국 앨라배마주 고등학생 667명을 대상으로 그들의 정서지능을 측정하였습니다. 그리고 그들의 학업 성적을 상위 20% 이상, 상위 20%에서 하위 20% 사이, 하위 20% 이하 세 그룹으로 나누어 이들의 정서지능을 비교해보았습니다.[145] 그 결과 이들의 정서지능은 성적 상위 그룹에서 가장 높았고 그다음은 중위권, 하위권 순이었습니다.

파커는 다른 연구진[2017]과 이번에는 고등학교 성적이 상위권인 학생들이 정서지능의 차이에 따라 대학교에서 성취에 차이가 있는지를 알아보고자 하였습니다. 연구진은 성적 상위 10%로 고등학교를 졸업한 캐나다 온타리오주의 한 대학교 신입생 171명을 대상으로 이들의 정서지능을 측정해보았습니다. 연구진은 참여자의 동의하에 이후 이들의 학사 등록 여부를 추적해보았는데, 6년 후 학위를 마친 학생이 91명[53.2%], 학위를 그만둔 학생이 80명[46.8%]이었고 학위를 마친 학생들의 정서지능이 그만둔 학생보다 월등하게 높은 것으로 나타났습니다. 연구 참여자의 정서지능이 대학에서의 학업 지속 여부를 예측한 것입니다.

정서지능이 학업 성취에 영향이 있다면, 정서지능에 영향을 주는 것에는 어떤 것이 있을까요? 우리는 미성취영재의 미성취 원인에서 단서를 찾을 수 있습니다. 연구 결과 미성취영재들은 가정과 학교로부터 정서적 지지를 받지 못하고 있었습니다[3장 1. 미성취 참고]. 특히 가정에서 부모가 이들에게 무관심하거나 잦은 불화로 안정적이지 못한 가정환경을 제공하는 경우 이것이 이들의 학업 미성취에 영향을 미쳤습니다. 영재를 비롯한 학생들의 가정환경은 이들의 정서에 영향을 미칩니다.

류은영은 국내 한 광역시 세 개의 다른 중학교에서 표집한 중학교 2학년 학생 432명을 대상으로 정서지능검사와 이들이 생각하는 부모의 양육방식을 체크하는 설문을 실시하였습니다.[146] 양육방식을 측정하는 도구는 애정-적대, 자율-통제, 성취-비성취, 합리-비합리 네 개 하위항목으로 되어 있으며 높은 점수는 자녀가 생각하기에 부모가 좀더 애정을 갖고 대하고, 자율성을 주는 편이며, 학업 성취에 대해 지지적이고, 비교적 합리적인 방식으로 양육하는 것을 의미합니다. 검사 결과 이들의 정서지능은 이들이 지각하는 어머니와 아버지의 양육방식 하위 네 영역 평균과 모두 유의한 상관관계를 보였습니다.

같은 설문 도구를 사용하여 중학교 1, 2학년 영재 88명을 대상으로 한 연구에서도 이들의 정서지능과 이들이 느끼는 부모의 지지적 양육태도가 모든 하위 영역에서 상관관계를 나타냈습니다.[147] 설문 문항에는(p. 70) '우리 부모님은 나와 다정하게 자주 이야기하신다애정' '우리 부모님은 스스로 알아서 하도록 맡기신다자율' '우리 부모님은 모든 일을 열심히 하라고 자주 말씀하신다성취' '우리 부모님은 내가 하는 말을 존중해주신다합리' 등이 있습니다.

앞서 보았듯 영재는 정서적으로 민감하기 때문에 부모의 정서적 지지를 더 민감하게 받아들일 수 있습니다. 부모에게 정서적 지지를 받을 경우 이것을 자신이 잘할 수 있다는 높은 자기효능감으로 전환하여 성취를 위해 노력할 수 있지만, 그렇지 못한 경우 크게 상처받거나 좌절하여 이것이 자아존중감에 부정적 영향을 미치고 비판에 예민해질 수 있으며 매사에 불만족을 느낄 가능성이 있습니다. 이는 학업과 교우관계에 부정적 영향으로 이어지는 경향이 있습니다. 이 내용을 순서도로 정리하면 다음과 같습니다.

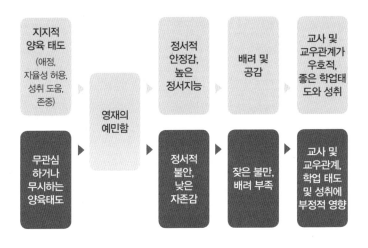

그럼에도 항상 예외는 있습니다. 지지적이지 못한 가정환경 속에서도 높은 정서지능을 유지하며 좋은 교우관계를 맺는 영재들도 있습니다. 이들은 대체로 하고자 하는 의지가 강하며 책임감이 높고 어려운 일을 슬기롭게 대처·극복하는 회복 탄력성이 높습니다.

정서지능은 가정환경뿐 아니라 여러 주변 환경의 영향을 받으므로 이들은 가정에서 받지 못한 정서적 지지를 또래 관계나 선생님과 같은 멘토에게서 채워나갑니다. 이들은 어수선한 가정환경 속에서도 꿋꿋한 의지로 학업을 게을리하지 않으며, 훌륭한 학업태도 및 우호적인 또래 관계를 유지하며 주변에서 좋은 정서적 피드백을 받고 긍정적인 정서를 유지해나갑니다.

정서지능은 영재를 비롯한 우리 모두의 자존감, 학업이나 일에 임하는 태도 및 인간관계에 영향을 미칠 뿐 아니라 궁극적으로 행복감에도 영향을 미칩니다. 국내 중학생 400명을 대상으로 한 연구에서 이들의 정서지능은 자신이 잘해낼 수 있다고 믿는 자기효능감, 어려움을 견디고 이겨내는 회복탄력성, 그리고 행복감과 모두 유의한 상관관계를 보였습니다.[148] 정서지능은 단순히 개인의 정서에 그치는 것이 아니라 우리의 삶 전반에 영향이 있습니다. 특히 정서지능은 실질적으로 학업 성취에 긍정적 영향이 있고 우리의 행복감과 밀접한 연관이 있다는 점에서 학업 성취보다 더 중요합니다.

부모님은 영재를 비롯한 아이들에게 좋은 성적만 강요하지 말아야 하며, 가정이 아이가 마음 편하게 있을 수 있는 안식처 home인지 생각해볼 필요가 있습니다. 만약 그렇지 않다면 늦지 않았으니 자녀에게 아낌없는 정서적 지지를 줄 것을 당부합니다. 또한 개인으로서, 우리가 신체 건강을 위해 운동하듯 마음을 돌보고 가꾸는 일도 소홀히 하지 말아야 합니다. 성취하지 않고도 행복한 사람은 있지만 마음이 건강하지 않으면서 행복한 사람은 없습니다. 마음이 어려움을 겪고 있다면 가까운 사람에게 감정을 표현하거나 스스로에게 '수고했다'는 말 한마디를 하면서 조금 관대해지는 건 어떨까요? 우리의 기분, 마음은 소중하니까요.

6. 빠른 사고 신중한 선택 - 사고력

1) 영재의 빠른 사고

수학자 가우스는 10세 때 선생님이 1부터 100까지 더하라고 하자 단번에 계산을 끝낸 일화로 유명합니다. 그는 다음과 같은 방법으로 문제를 풀었습니다.

$(1+100)+(2+99)+(3+98)+\cdots+(50+51) = 50 \times 101 = 5,050$

가우스는 덧셈에서는 계산 순서를 바꾸어도 되는 것을 활용하였고 합이 101이 되는 숫자 쌍이 50개가 된다는 패턴을 찾아내었습니다.

계산 과정을 생략하고 수학적 직관으로 문제를 해결하는 것은 교실에서도 흔히 볼 수 있는 광경입니다. 예를 들어 초등학교 3~4학년 학생에게 $\frac{1}{2}$과 $\frac{1}{4}$ 중 어떤 것이 더 크냐고 물어보면 많은 아이가 배운 대로 2와 4를 통분해서 $\frac{1}{2}$을 $\frac{2}{4}$로 만들어 $\frac{2}{4}$가 $\frac{1}{4}$보다 크다고 이야기하겠지만, 분수를 시각화해서 생각하는 아이들은 단번에 피자 같은 원판을 떠올리며 피자를 두 조각으로 자른 것 중 하나가 네 조각으로 자른 것 중 하나보다 큰 것을 알고 답을 합니다. 이들은 이런 방법으로 $\frac{3}{7}$이 $\frac{2}{3}$보다 작다는 것도 대번에 알아차립니다. $\frac{2}{3}$는 피자를 반으로 나눈 것보다 큰데 $\frac{3}{7}$은 피자를 반으로 나눈 것보다 작기 때문입니다.

평행사변형의 넓이를 계산하는 문제도 마찬가지입니다. 이들은 평행사변형을 보자마자 한 귀퉁이의 직각삼각형을 머릿속에서 잘라 다른 귀퉁이에 붙여서 직사각형으로 만듭니다. 마름모도 같은 방법으로 직각삼각형 네 개로 해체하여 하나의 직사각형으로 만듭니다. 이들은 직사각형의 넓이를 구하는 공식만으로 평행사변형과 마름모의 넓이를 구합니다. 다음 그림에서 오른쪽 마름모와 같은 넓이인 직사각형의 밑변은 마름모의 가로 대각선이며 높이는 세로 대각선 길이의 반입니다. 이렇게 마름모의 넓이는 $\frac{1}{2}$×한 대각선의 길이×다른 대각선의 길이라는 공식을 머릿속 그림을 토대로 추론해낼 수 있습니다.

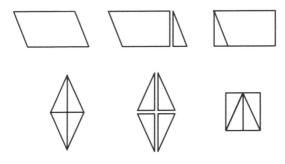

이처럼 단계를 생략하며 빠르게 사고하는 것을 효율적 사고라고 합니다. 이는 주로 수학·과학영재에게 많이 나타나는 특성으로, 이들은 문제풀이 단계를 생략 또는 축약하거나, 문제들의 패턴을 찾는 귀납적 추론방식을 자주 사용합니다.[149] 또한 범주로 묶어서 기억하는 청킹chunking을 사용하며, 가설을 세우고 검증하는 것과 같이 사고 방향을 자유자재로 전환합니다.[150] 그리고 영재들은 한 가지 문제 해결방법에만 의존하지 않고 다각도로 문제를 바라보는 사고의 유연성을 갖추고 있으며, 문제를 시각화하여 직관으로 문제의 구조를 바라보는 경향이 있습니다.[151]

효율적 사고가 꼭 수학이나 과학에서만 사용되는 것은 아닙니다. 상대와 대결하는 스포츠의 경우 상대방 움직임의 패턴을 읽고 그것을 이용하는 것이 매우 중요합니다. 예를 들어 야구에서 투수가 어떤 특정 선수가 바깥쪽 공에 약한 모습을 보이는 것을 여러 번 투구한 결과 알아챘을 때, 그 선수를 상대로 바깥쪽 공을 결정구로 사용할 수 있습니다.

테니스에서 베이스 라인에서만 공을 치는 선수에게 기습적인 드롭샷으로 네트 앞에 공을 떨어뜨리며 공을 칠 수 없게 만들 수도 있으며, 왼쪽 백핸드샷이 약한 상대에게 그 방향으로 공을 자주 보내며 실수를 유도할 수도 있습니다. 유도에서 힘으로만 자신을 뒤로 잡아당기는 상대를 상대가 힘을 주는 방향으로 가볍게 밀어 점수를 따낼 수도 있습니다.

이처럼 효율적 사고는 스포츠 전반에서 자주 사용되며 패턴을 읽어내는 능력과 빠른 판단력을 필요로 합니다. 이러한 사고를 자주 하고 잘 실행하는 선수들이 해당 종목에서 빛을 발하게 되는 것이지요. 음악에서도 효율적 사고가 쓰입니다. 음악을 듣고 연주하는 사람이나 작곡하는 사람에게는 음을 듣고 기억하는 청음이 중요한데, 이때 이들은 화음을 이용하여 기억하기도 합니다. 한 마디에 있는 멜로디의 음이 어떤 화음을 갖고 있는지를 파악하고 연결하는 것인데, 이를 위해서는 음을 듣고 음높이를 맞히는 절대음감, 잘 어울리는 음끼리의 조합화음 종류의 인지, 멜로디를 화음으로, 다시 화음을 멜로디로 전환하는 능력이 필요합니다.

유튜브의 한 음악채널에서 피아노 전공 학생들에게 처음 듣는 음악을 들려주고 그대로 치게 했을 때, 한 학생이 들은 음악의 화음을 기억했다가 다시 멜로디로 전환하여 연주하는 놀라운 모습을 보였습니다.[152] 이것을 모두 멜로디로 풀어서 기억하려고 하면 암기하기가 어려운데, 화음으로 축약해서 기억하니 좀더 많은 양의 음악 정보를 머릿속에 담을 수 있었던 것입니다.

이처럼 영재들은 다양한 분야에서 효율적인 방법으로 빠르게 사고하는 특징이 있습니다. 그러나 이들이 늘 빠르게만 사고하는 것은 아닙니다. 이들의 효율적 사고는 평소의 깊은 사고력을 바탕으로 할 때가 많습니다.

2) 영재의 부지런히 느린 사고

레오나르도 다빈치Leonardo da Vinci는 '최후의 만찬'을 구상하는 데만 15년이 걸렸다고 합니다. 다빈치는 의뢰받은 그림을 제때 완성하지 못하고 쓸데없는 광학실험 같은 것을 하느라 시간을 허비했다고 사람들에게 비난받았지만, 빛이 구球에 어떻게 굴절되는지 깊이 연구했기 때문에 '모나리자'를 계속해서 수정·보완할 수 있었습니다.[153]

다빈치가 '최후의 만찬'을 그리는 동안 그를 관찰했던 이탈리아 소설가 마테오 반델로Matteo Bandello는 다빈치가 매일 몇 시간씩 팔짱을 끼고 서서 자신의 그림을 점검했으며, 가끔은 전혀 붓질을 하지 않고 3~4일을 보내기도 했다고 회상했습니다.[154] 그가 정확하게 무슨 일을 하는지 모르는 사람들의 시각에서 다빈치는 '쓸데없는 일에 시간을 허비하고 시간 안에 일을 못하는 사람'으로 보일 수 있겠지만, 그는 머릿속에서 부지런히 여러 가지 그림을 그리며 최선의 선택지를 고르고 있었습니다. 한편, 애덤 그랜트Adam Grant는 《오리지널스Originals》 2016에서 성공한 창업자들에 대해 이렇게 묘사했습니다.

"절벽의 끝에서 마지못해 조심조심 발을 딛고, 낙하 속도를 계산하고, 낙하산이 제대로 작동할지 세 번 정도 점검하고, 그래도 모르니 절벽 바닥에 안전망을 설치한 후에 뛰어내리는 사람들." (p. 54)

다빈치와 성공한 창업자들 모두 자신의 일에서 신중히 여러 가지 대안을 고려하는 경향이 있었습니다.

영재는 비판적 사고와 반성적 사고를 많이 합니다. 비판적 사고란 "어떤 견해를 받아들일지 또는 어떤 행위를 할지를 결정하기 위해 텍스트진술 등 언어적 표현과 행위에 대하여 그 논리적 구조와 의미를 파악하고 개념, 증거, 준거, 방법, 맥락 등을 고려하여 최선의 판단을 내리고자 하는 사고"를 말합니다.[155] 초등 영재 및 일반 학생 206명을 대상으로 한 연구에서 영재 학생이 일반 학생보다 비판적 사고력이 뛰어나고 비판적 사고를 더 자주 하는 경향이 있음을 밝혔습니다.[156]

비판적 사고력 측정 문항은 총 16개로 6개의 하위항목으로 구성되어 있었습니다. 각 하위항목은 학생들이 ① 사실과 의견 구분, ② 주장하기 전에 충분한 근거를 수집, ③ 정보의 신뢰성 비교 및 분석, ④ 한 가지 문제를 다양한 관점에서 조망, ⑤ 주장에 담긴 편견을 탐지, ⑥ 진술에 숨겨진 의미를 확인할 수 있는지를 측정하였습니다. 예를 들어 "미영이는 훌륭한 학생이다. 왜냐하면 미영이는 얼굴도 예쁘고 집도 부자이기 때문이다"(p. 105)의 진술을 주고 학생들이 이것에 대해 어떻게 생각하는지, 왜 그렇게 생각하는지를 적게 하여 이 진술에 숨겨진 의도를 잘 파악하는지, 근거를 들어 주장하는지를 측정하였으며, 학생들의 답은 채점 기준표에 따라 채점되었습니다.

한편 비판적 사고 성향을 묻는 설문지는 총 16개 문항으로 되어 있으며 "나는 시험을 본 후 틀린 문제에 대해서 왜 틀렸는지 생각해본다"(p. 109)와 같이 평소에 비판적 사고를 자주 하는 편인지를 알아보고자 하였습니다. 수집된 연구 자료를 분석한 결과, 영재 학생들이 비판적 사고력과 성향 문항에서 일반 학생들보다 높은 점수를 받았습니다. 영재들은 특히 진술에 숨겨진 의미를 파악⑥하는 비판적 사고의 하위항목과 체계적으로 사고하는 경향을 측정하는 비판적 성향-체계성 하위항목에서 일반 학생보다 유의하게 높은 평균을 보였습니다.

비판적 사고와 반성적 사고는 다양한 직업군에서 해당 분야 종사자들이 전문성을 발휘하기 위해 필수적으로 사용하는 사고방식입니다. 예를 들어 변호사, 기자, 연구자의 경우 자신이 주장하는 바를 뒷받침하기 위해 최대한 객관적인 자료를 많이 수집하여 주장의 신뢰도를 확보하려고 노력합니다.

그러기 위해 '어디에서 자료를 수집해야 하는지' '수집한 자료가 주장을 뒷받침하는지' '자료를 사용할 때 제3자에게 피해가 되지는 않는지' 등을 철저하게 고려합니다. 또한 화가 및 사진작가, 디자이너 등 아티스트는 '무엇을 표현할지' '어떤 방식을 사용할지' '표현 대상의 구도, 빛의 밝기, 색감 등이 자신이 원하는 대로 잘 표현되었는지' 등을 끊임없이 고민합니다.

초현실주의 사진작가 에릭 요한슨[157]은 사진을 찍는 장소, 구도 등을 신중히 고려하여 사진을 찍은 후에 포토샵을 이용하여 사진의 색감, 피사체의 위치 등을 조정합니다. 예를 들어 종이처럼 말아 올라가는 도로를 표현하기 위해 외부에서 도로 사진을 찍고, 구도와 빛의 방향을 맞추어 실제 말려 올라간 종이를 스튜디오에서 찍은 다음 포토샵으로 두 사진을 합성해서 마무리합니다. 이때 그는 여러 가지 조정을 하며 최대한 자신의 아이디어를 시각화하려고 노력합니다.

교실에서도 비판적 사고와 반성적 사고가 자주 사용됩니다. 과학시간에 학생들은 가설을 세우고 실험을 함으로써 가설을 검증합니다. 예를 들어 '뜨거운 물에서는 차가운 물에서보다 설탕이 더 빨리 녹을 것이다'라는 가설을 세운 후 이것을 직접 실험하여 맞는지를 확인해보는 것입니다. 이때 고려해야 할 점은 물의 온도를 제외한 다른 변인들은 일정하게 하는 변인 통제물을 담는 용기 등와 실험을 안전하게 하기 위한 준비 등이 있습니다. 만약 실험이 실패할 경우 왜 그렇게 되었는지를 반성적으로 생각하고 더 나은 실험을 설계할 수도 있습니다.

한편, 사회시간에는 학생들에게 국토를 개발하는 것과 환경을 보전해야 하는 문제가 충돌해 이해 당사자들이 갈등을 겪는 상황을 주며 어떤 것이 최선인지를 생각해보도록 합니다. 이때 학생들은 어떤 결정이 각 당사자들에게 어떤 손익을 주는지, 제시된 대안 말고 다른 대안은 없는지 등을 주의 깊게 고려하여야 합니다. 이러한 연습을 하는 과정에서 학생들은 비판적 사고와 반성적 사고능력을 기르며, 이를 잘하는 학생들은 자신의 분야에서 성장하여 이후 탁월성을 발휘하게 됩니다.

간혹 영재들이 결정을 잘하지 못하거나 미루는 경우 게으르게 보일 수도 있지만, 사실은 최선의 선택을 하기 위해 여러 가지 대안을 검토하고 신중하게 결정하려고 하는 것일 수 있습니다. 그들은 삶의 각 단계에서 최선의 선택지를 찾는 과정에서 선택 결과의 옳고 그름과 상관없이 천천히 그리고 꾸준히 성장하게 됩니다. 혹시 자녀나 우리 반 학생이 여러 가지 방안을 탐색하느라 결정에 뜸을 들이는 경향이 있다면 '빨리 결정해'라고 다그치기보다는 아이들이 최선의 선택지를 고를 때까지 기다려주는 건 어떨까요? 아니면 최선이 어떤 것인지를 같이 고민하며 도와주는 것도 괜찮습니다. 재능 있는 모든 아이가 느린 걸음으로 최선을 다해 성장할 수 있기를….

PART. 3

영재인 걸 아는 게
중요해?

---

* 영화 〈굿 윌 헌팅〉의 스포일러가 있습니다.

영화 〈굿 윌 헌팅〉의 윌은 수학과 과학에 뛰어난 재능이 있음에
도 어린 시절 가정폭력에 노출되면서 교육 기회를 얻지 못했고,
수시로 폭력, 절도 등의 문제를 일으켜 매사추세츠 공과대학MIT에
서 청소부로 사회봉사를 했습니다. 배움에 목이 말랐던 탓에 수
시로 수학과 교실을 서성거리며 칠판에 있는 고난도 문제를 풀다
가 수학과 램보 교수의 눈에 띄게 됩니다.

램보 교수는 윌의 재능을 알아채고 폭력 건에 대한 윌의 재판을

찾아가 자신의 보호 아래 윌이 석방될 수 있도록 돕습니다. 윌은 램보 교수와 주 1회 만나 수학에 대해 토론하고 정신과 상담을 받는다는 조건으로 석방됩니다.

윌은 여러 상처로 공격적 성향이 있으며 자기 이야기를 묻는 사람들에게 모욕을 주거나 대화 주제를 돌리며 자신의 진짜 감정을 드러내지 않으려고 애를 씁니다. 램보 교수는 윌이 자신의 천부적 재능을 낭비하는 것을 너무나도 안타까워하며 어떻게든 그의 수학적 재능을 키우려고 노력하지만 마음이 닫힌 윌은 자신을 돕는 램보 교수마저도 무시합니다. 램보 교수의 부탁으로 윌을 상담하게 된 맥과이어 교수는 윌이 약점을 드러내는 것을 두려워하고 감정을 숨기는 등 심리적 어려움이 있다는 것을 이해하며 윌이 원하는 길을 선택할 수 있도록 도와줍니다.

그 과정에서 맥과이어 교수는 자신의 어려움을 공유하며 윌과 공감하고, 윌이 굳이 MIT에서 봉사하겠다고 선택한 것을 지적하며 그가 내면에 있는 배움의 열망과 마주하도록 돕습니다. 한편 자신이 진짜로 원하는 것을 외면하는 윌에게 그의 가까운 친구 처키는 윌이 자신의 지적 수준에 맞는 일을 찾아 떠날 것을 조언합니다. 윌은 결국 대학에서 교육을 받지도, 추천받은 일자리를 받아들이지도 않았지만 맥과이어 교수 덕분에 자신의 감정에 솔직해지고 스스로가 행복해지는 선택을 하였습니다.

앞서 살폈듯 교실에는 여러 종류의 영재들이 있습니다. 윌처럼 재능을 타고났음에도 교육 기회를 얻지 못한 영재, 주변의 과중한 기대로 완벽주의에 시달리는 영재, 지능과 관심사가 또래와 달라 고립감을 느끼는 영재, 집중하기 어려운 영재, 영재성과 장애를 같이 갖고 있는 영재, 또래와 멀어질까봐 재능을 숨기는 영재, 주변의 자극에 지나치게 예민한 영재 등 이들이 겪는 어려움의 종류 또한 다양합니다. 우리가 이러한 영재들을 위해 할 수 있는 최선은 어떤 것일까요? 램보 교수와 같이 직접적으로 영재 수준에 맞는 교육 기회를 주는 것, 친구 처키처럼 그들이 자신에게 맞는 교육 기회를 찾도록 권하는 것, 그리고 맥과이어 교수처럼 영재의 어려움을 환경적인 것이든 영재성에서 비롯된 것이든 전적으로 이해하고 정서적인 지지를 보내주는 것 모두 중요하지만 그중 가장 중요한 것이 무엇인지는 윌의 선택에서 추측할 수 있습니다.

CHAPTER. 01

그들이 빛을 잃는 이유

1. 잘 모른다 - 영재교육 소외계층

저는 지금껏 영재교육에 아이들을 공식적으로 세 번 추천했는데 그중 두 명은 영재교육 자체를 전혀 모르고 있었습니다. 저는 당시 영재교육을 석사 전공으로 해서 졸업했음에도 저소득층, 다문화 가정, 한부모 또는 조손가정 등 영재교육 소외계층을 위한 사회통합대상자 특별전형이 있다는 것도 아이를 추천하는 중에 처음 알았습니다. 아이와 아이 부모님 또한 영재교육을 모르는데 특별전형을 알 리가 없었습니다.

특별전형은 증빙 서류를 제출해야 하며 4만~5만 원교육기관마다 상이의 전형료 및 수업료가 면제됩니다. 이들은 전체 모집 인원의 5%에서 많게는 20%까지 우선 선발됩니다. 특별전형으로 지원했지만 합격자는 일반전형 아이들과 가운데 이름 글자가 지워진 채로 '이○진'과 같이 발표되어 누가 특별전형으로 지원했는지 알 수 없게 하였습니다. 미술에 탁월한 재능이 있음에도 가정 사정상 많은 기회를 얻지 못했던 아이가 영재교육 대상자로 최종 선발되었고 저는 제 일인 것처럼 정말 뿌듯했습니다.

제가 학교를 떠난 후에도 아이가 계속해서 영재교육을 받고 있다는 이야기를 전해들었습니다. 사실 제 경험에 비추어봤을 때 영재교육 기회를 잘 모르는 아이들과 부모님들이 정말 많습니다. 영재교육이 있다는 걸 알더라도 언제, 어떤 준비를 해야 하는지 잘 모릅니다. 그런데 사실은 영재교육과 관련된 정보는 영재교육기관들의 지원 시기에 맞추어 학교 홈페이지에 게재되거나 가정통신문으로 안내됩니다.

문제는 컴퓨터를 잘 사용할 줄 모르는 가정들이 있다는 것입니다. 가정통신문 안내를 받더라도 좀더 자세한 정보지원 기간, 방법, 절차 등를 알기 위해서는 첨부파일을 열어 꼼꼼히 읽어봐야 합니다. 정보는 기관별로 5~10페이지에 달하기 때문에 가정통신문에 내용을 다 담을 수 없습니다. 정보를 읽었다 하더라도 서류전형을 위한 문서 작업을 해야 하기 때문에 바쁘거나 컴퓨터 사용이 익숙지 않은 가정에서는 번거롭게 생각하고 시도조차 하지 않습니다.

일부는 '그건 개인의 문제고 그 정도도 안 하고 무슨 교육을 받겠다는 건지'라고 생각할 수도 있을 것 같습니다. 제가 가르쳤던 한 학교에서 우리 반 학생의 20% 정도가 차상위 소득계층이었습니다. 그뿐 아니라 부모님이 일을 하느라 밤늦게 들어오거나 여러 가지 가정 문제로 아이들을 돌볼 여력이 되지 않는 경우가 많았습니다.

아이들이 가정통신문을 그대로 가져오면 '부모님이 너무 늦게 와서 못 보여드렸다' '집에 늦게 들어오고 일찍 출근하셔서식탁에 놨는데 그대로 있었다'라고 하곤 했고 가져오더라도 '읽지 않고그냥 사인만 해줬다'고 하는 경우도 많았습니다. 어떤 아이는 마시지 않은 우유를 일주일 동안 가방에 넣고 다니다가 제가 발견한 적도 있습니다. 이처럼 하루하루를 지내는 것 자체가 버거운 환경에서 영재교육의 싹이 자라나기는 참으로 어렵습니다.

교사가 영재교육 정보를 알고 있다 하더라도 학생들에게 전달되지 않는 경우도 허다합니다. 이유는 여러 가지인데 ① 관련 정보가 학교 홈페이지에 게재되어 있기 때문에, ② 영재교육 추천이 필수가 아니기 때문에추천하는 것이 번거로움, ③ 영재교육을 받을 만한 학생이 없다고 생각해서영재들의 영재성을 보지 못하거나, 영재성에 높은 수준의 기준 설정 등이 있습니다. 저는 영재교육 대상자 선발 여부를 떠나서 모든 아이가 최소한 기회가 있다는 것을 알았으면 합니다.

최근 영재교육 과목 또한 다양해져서 수학·과학뿐 아니라 미술, 음악, 체육, 인문·사회, 발명, 정보영재 등 영역이 많기 때문에 학업 성취가 아주 뛰어나지 않더라도 학생이 재능 있는 분야에서 얼마든지 선발될 수 있습니다. 이와 같이 다양한 분야에서 영재교육을 제공한다는 것, 영재교육 선발에 소외계층을 위한 특별전형이 있어 비용이 면제된다는 것, 영재학급·교육청 및 대학 부설 영재원 등 다양한 기관에서 영재교육을 제공한다는 점 등이 학생들과 부모님들에게 최대한 많이, 잘 전달되었으면 좋겠습니다. 이를 위해 저는 네 가지 방안을 제안합니다.

① 담임선생님이 영재교육 지원 기간에 직접 안내하면 좋겠습니다. 가정통신문을 배부하면서 지원 기간, 방법 등 중요한 정보에 대해 한 번 더 강조하면 아이들이 조금 더 관심을 갖고 부모님들에게 정보를 전달할 수 있을 것입니다. 아니면 최소한 아이들에게 '학교 홈페이지에 상세 정보가 있다'는 것이라도 안내하기를 제안합니다.

② 선생님이 평소 영재성이 있다고 생각한 아이에게 직접 권유하면 더 좋습니다. 저는 제가 생각할 때 영재라고 생각되는 아이들에게 많이 권유하는 편이었습니다. 앞서 살폈듯 '영재'라는 라벨이 붙는 것을 좋아하는 아이들이 있는 반면 부담

스러워하는 경우도 있어서 개별적으로 권유하곤 했는데, 이렇게 되면 아이들이 '선생님이 내가 잘한다고 생각하시는구나'라고 생각하여 자신감을 갖고 관심을 두게 됩니다. 한 아이는 제가 권유했을 때는 부끄러워하며 지원을 안 했지만 다음 연도에 영재교육을 지원했다고 저에게 알려주었습니다. 또한 소외계층 영재의 경우 정보를 잘 모르고 비용 면제와 같은 것은 아이들에게 민감한 부분일 수 있어서 개별적으로 알려주는 게 낫다고 생각합니다. 저는 제가 영재라고 생각하는 아이에게 직접 정보를 프린트하여 부모님에게 전달하도록 했고 이후 지원 절차에 대해 부모님과 전화로 대화하였습니다.

③ 사회 소외계층 학생이 영재교육에 관심을 보인다면 선생님이 지원 과정을 적극 도와줄 것을 권장합니다. 앞서 말씀드렸듯 중요 문서를 프린트하고 지원서 작성 과정에서 스캔 등을 하는 것이 여의치 않는 아이들이 많습니다. 이런 아이들을 위해 지원 요강을 프린트하여 중요 사항을 같이 확인하고 지원서 작성에서 아이가 어려워하는 부분이 있으면 선생님들이 도와줄 수 있었으면 좋겠습니다.

④ 영재교육에 관심이 있는 학생과 부모님들은 학교 홈페이지를 수시로 확인하거나, 추가 질문이 있는 경우 영재교육 담당 선생님에게 문의하면 됩니다. 담당 선생님은 영재교육 지원 방법, 과정, 비용, 기간 등에 대한 정보를 홈페이지에 게재

하며 가정통신문을 만들어 학교의 승인을 받아 학생들에게 배포합니다. 담임선생님보다 영재교육에 대해 더 많은 정보를 알고 있는 경우가 많기 때문에 담당 선생님에게 묻는 것이 더 빠르고 정확할 수 있습니다. 다만 영재교육 담당 선생님들이 업무가 많아 바쁠 수 있으니 모집 공고를 꼼꼼하게 읽어보고 필요한 경우에만 문의할 것을 부탁드립니다.

2. 선발되지 못했다 - 선발 과정의 허점

제가 영재교육을 권유한 학생 중 지원했다가 선발되지 않은 아이도 있습니다. 그 학생은 평소 성격이 조용하고 성실한데, 아주 뛰어난 수학적 특성을 겉으로 보이지는 않는 편이었지만 주어지는 수학 문제를 꼼꼼히 해결하는 편이었습니다. 제가 맡았을 때 영재교육을 지원한 것이 아니라서 정확하게 어느 교육기관에 지원했고 지원서에 무슨 이야기를 썼는지는 모르겠지만, 어쨌거나 저는 영재교육 선발 여부와 상관없이 여전히 그 아이가 수학에 영재성이 있다고 생각합니다. 아이는 수학 문제를 차분하게 해결해내며 끈기가 있고 무엇보다도 꾸준히 문제들을 잘 풀었습니다.

영재교육에 선발되는 학생이 있는 반면 선발되지 않는 학생도 있습니다. 저는 앞서 1장 '영재에 대한 우리 생각'에서 우리가 영재를 정의할 때 영재교육을 받는 학생들에만 한정한다면 잠재능력이 있는 다른 많은 학생이 그들에게 적절한 교육을 받을 기회를 놓칠 수 있다고 언급했습니다. 영재교육에 선발되지 않는다고 해서 영재가 아님을 의미하지는 않습니다. 영재교육 대상자 선발은 그물로 고기를 건져내는 것과 같습니다. 아무리 그물이 촘촘하더라도 그 사이를 빠져나가는 고기가 있고, 어디에 그물을 던지느냐에 따라 고기를 잡을 수도 있고 그렇지 못할 수도 있습니다.

과거 영재교육 선발은 시험 위주였는데 사교육을 조장한다는 이유로 교사 관찰 추천을 추가하여 영재교육 선발에서 사교육의 영향을 줄이려고 하였습니다.[1] 그러나 사교육의 영향을 줄이고자 비중이 강화된 지원서는 답변해야 할 질문이 지나치게 어렵기 때문에 학생 혼자서 준비하기 어렵습니다. 결국 학생이 부모나 교사의 도움을 받아 지원해야 하며, 어떤 영재교육기관에서 선발하든 교사 추천이 필수이기 때문에 교사의 판단이 매우 중요하게 되었습니다.

교육심리학자 크리스티 슈 파이어즈[2]는 교사들이 '영재'들을 추천하기보다는 '학업 성취도가 우수한 학생'을 영재교육에 추천하는 경향이 있음을 지적합니다. 교사가 영재성에서 오는 특성들완벽주의, 예민함, 고립감 등에 대한 이해가 없다면 학업 성취가 우수하며 부정적 특성을 드러내지 않는 학생들을 선호하여 추천할 가능성이 있습니다.

영재교육을 받다가 이듬해 다시 선발되거나 탈락한 학생들을 대상으로 한 연구는 영재교육기관의 선발과정에 어쩔 수 없이 허점이 있음을 시사합니다.[3] 연구자는 2010학년도 영재교육 대상자로 선발되어 교육을 받고, 이듬해에 다시 영재교육 선발 신청을 한 초등학교 4~6학년 58명을 연구 대상으로 하였습니다. 이 중 18명31%은 2011학년도 영재교육 대상자로 다시 선발되었으며 40명69%은 선발되지 않았습니다. 연구자는 이 학생들을 대상으로 인지능력 검사와 수학적 태도 검사를 실시하여 선발된 그룹과 선발되지 않은 그룹 학생들의 인지능력과 수학적 태도에 차이가 있는지 알아보았습니다.

연구 결과 선발 그룹의 인지능력 검사 평균이 비선발 그룹 평균보다 조금 높았지만 통계적으로 의미가 있는 큰 차이가 아니었습니다. 수학적 태도에서는 선발 그룹이 비선발 그룹보다 자아개념과 학습 습관 하위 영역에서 유의하게 높은 평균을 보였습니다. 높은 자아개념 평균은 수학을 푸는 것에 대한 즐거움과 자신감이 있음을 의미하며, 높은 학습 습관 평균은 수학을 풀 때 얼마나 집중하는지, 자율적으로 학습하는지, 체계적으로 학습하는지 등을 나타냅니다. 즉, 2011학년도 영재교육 대상자로 선발된 학생들과 아닌 학생들은 인지능력보다

수학을 학습하는 태도에서 큰 차이를 보였으며 이것이 선발의 당락을 좌우했을 가능성이 있습니다.

영재교육을 받다가 다음 해에 안 받는 학생은 영재일까요, 아닐까요? 그들은 '영재교육 대상자로 선발되지 않은' 영재입니다. 영재성은 있지만 태도가 그리 선호되는 편이 아니라서반항, 문제행동, 산만 등 교사에게 적극적으로 추천받지 못하고 영재교육에 선발되지 못한다면 교사 추천을 축소하고 선발 과정에서 인지능력 테스트인 IQ 검사를 사용하는 것은 어떨까요? IQ 검사는 학생이 사전 지식 없이도 추론 과정을 통해 시험을 보기 때문에 미성취영재를 영재 선발 과정에서 많이 포함할 수 있습니다.

실제로 외국에서는 웩슬러 검사 등의 지능검사 점수가 영재교육 선발 과정에 쓰이며, 추가로 지원서 제출, 면접 등 여러 가지 다른 과정도 함께 요구하는 경우가 많습니다. 그럼에도 우리나라에서 영재교육 대상자를 선발할 때 IQ 검사와 같은 지능검사를 사용하는 것은 거의 불가능합니다. 왜냐하면 IQ 검사가 아동의 모든 능력언어 및 예체능 포함을 측정하지 않으며, 지능검사를 보는 데에 익숙하지 않은 아이들은 높은 점수를 받을 수 없습니다다른 모든 평가 도구가 이러한 한계를 가집니다. 언어 능력 측정에 치중한 검사도구는 언어 능력이 떨어지는 아동들이 낮은 점수를 받습니다. 또한 IQ 점수를 사용하면 이 자체가 또 다른 줄 세우기 문제가 되어 이를 준비하는 학생과 학부모가 생겨납니다. 실제로 시험형 선발 방식이던 예전에는 영재교육 선발 시험에 나올 만한 문제들을 모아놓은 문제를 학원에서 가르치곤 했습니다.

무엇보다도 IQ 검사 성적을 선발에 이용하면 형평성 문제가 불거질 가능성이 큽니다. 성취가 학업 결과인 반면 IQ 검사는 공부하지 않고도 인지능력을 활용하여 잘볼 수 있기 때문에 학업 성취가 높은 학생들 입장에서 공평하지 않다고 문제를 제기할 수도 있습니다. 이러한 이유로 IQ 검사를 영재교육 선발 과정에서 사용할 수 없고, 결국 자기 추천, 교사 및 학교 추천, 면접 등이 강화된 현행 방법이 현재로는 최선입니다. 그러나 교사 추천도 여러 가지 문제로 향후 개선이 필요합니다.

예를 들어 교사 추천 과정에서 교사가 창의성이 높고 잠재력이 많아 보이는 한 학생A과 학업 성취도가 높은 학생B 모두를 영재교육 선발에 추천한다고 가정해봅시다. B학생은 A학생보다 학업 성취가 뛰어나고 A학생만큼이나 창의성이 높지만 교사가 'A학생이 환경적인 요인으로 잠재력에 비해 교육 기회를 충분히 받지 못하고 있다'고 판단하고 A학생의 추천서에 좀더 영재교육의 필요성을 피력하였습니다.

교사의 판단을 신뢰한 학교추천위원회에서 최종적으로 A학생만 추천하기로 결정한 것을 알게 된 B학생의 부모님은 공평하지 않다며 강하게 반발합니다. 학교에서 선발 기준을 설명하더라도 B학생과 비교할 때 A학생의 더 높은 '창의성' '가능성'등을 증명할 만한 자료가 없기 때문입니다. 연구에 참가한 실제 교사의 증언이 이러한 상황을 보여줍니다.[4]

"학부모 민원이 제일 걱정이죠. 애들 창의성이 중요하죠. (중략) 그런데 '무슨 기준으로 뽑았냐?'라고 학부모들이 따지면 우리 입장에서도 '이런이런 기준에서 뽑았습니다' 하고 제시해야 할 것이 있어야 될 것 아니에요."(p. 57)

이렇듯 영재 선발 과정은 어떻든 허점이 생기기 마련입니다. 잠재력 및 창의성에 중점을 둔 선발을 할 경우 공정성과 형평성 문제가 대두되며, 시험 중심으로 선발하면 사교육을 조장한다는 문제가 제기됩니다. 또한 앞서 보았듯 영재교육 대상자로 선발된 학생이 다시 선발되는 부분에 대해서도 이견이 있습니다. 영재교육을 받는 학생만 받는 것, 받던 학생이 다시 못 받는 것 모두 형평성 문제와 영재교육의 지속성 문제를 안고 있어 해결하기가 어렵습니다. 어떤 선발 방법이든 한계가 있기에 좀더 나은 선발 방법을 모색하는 것과 동시에 '재능이 있지만 영재교육기관에 선발되지 않은 학생을 교실에서 어떻게 교육하는 게 좋을까'에 대한 깊은 고민이 필요한 시점입니다.

높은 경쟁률을 뚫고 영재교육 대상자로 선발된 학생들은 대체로 자부심을 갖고 교육을 받습니다. 그들은 일반 학급에서 배울 수 없는 심화된 내용을 배우거나, 보거나 만져본 적이 없는 과학 도구를 사용하여 실험하기도 합니다. 또한 자신과 관심사가 비슷한 학생들을 만나는 경험을 통해 동질감을 느낄 수도 있습니다. 그러나 모든 영재교육 대상 학생이 영재교육기관에 잘 적응하여 교육을 받는 것은 아닙니다. 어려운 관문을 뚫고 선발되었음에도 자발적으로 영재교육 프로그램을 중단하는 학생들도 있습니다. 왜 그만두는 걸까요?

앞서 살핀 '영재는 모든 방면에서 뛰어나다'는 오해가 이들이 영재교육기관에 적응하는 것을 어렵게 만듭니다. 그들도 어려워하는 일이 있고 처음 하는 일은 더더욱 어렵게 받아들입니다. 그러나 '영재는 이 정도면 다 이해하고 할 수 있다'는 오해 때문에 일부 영재교육기관의 선생님 또는 교수님들은 초·중학교 학생에게 어려운 내용을 가르치고 대학생 수준의 보고서 쓰기를 기대하기도 합니다. 영재교육 자발적 탈락자에 대한 연구에 따르면[5] 연구 대상자들은 공통적으로 영재교육기관에서 배운 내용이 지나치게 어려워서 심리적으로 힘들어했음을 토로하였습니다.

자신은 어려운데 다른 영재들은 수월하게 하는 것처럼 보여 좌절감을 느꼈다고 응답한 학생도 있습니다.[6] 학생들이 어려워한 구체적인 이유는 가르치는 강사 또는 교수가 '영재라면 기본적으로 이 정도는 알고 있겠다'는 전제로 어려운 용어를 쓰거나 어렵게 가르쳐서, 그리고 소외계층 영재의 경우 연구 결과 보고서를 작성해본 적이 없어서 익숙지 않고 어렵기 때문보고서 작성법을 구체적으로 설명해주지 않음이었습니다. 한 학생은 수업과 과제를 해내는 것을 어렵게 느꼈기 때문에 과제를 하는 데에 시간을 많이 할애했고 이것이 스트레스로 연결되어 학업에 방해가 되는 경우도 있었다고 증언했습니다.[7] 이 학생은 영재 수업을 했던 교수님의 기대와 자기 능력의 괴리감을 다음과 같이 이야기했습니다.

"지금 내 나이 때 이런 것을 하는 게 맞나? 제가 하고 싶었던 것은 지식을 조금씩 쌓아가서 내가 직접 가설을 설정하고 실험을 하고 검증을 하고 싶은데 지금 그 당시에 했던 것중3 때 주제별 논문 쓰기은 인터넷을 통해 자료를 베끼고 그냥 그 상태로 이해해서 논문을 만드는 것이었거든요. '지금 이것이 나에게 의미가 있나? 시간 낭비 아닌가?'란 생각을 많이 했어요."(p. 37)

결국 수준에 맞는 교육이 아니라 '단순히 어려운 걸 시키는 교육'은 영재로 하여금 좌절감을 느끼게 하며, 이러한 좌절감은 초기에는 잦은 결석으로 나타나다가 나중에는 교육을 중도 포기하는 것으로 드러납니다. 일부 영재는 지나치게 어려운 수업 내용, 산출물 보고서에 대한 두려움 등 때문에 오히려 해당 과목에 흥미를 잃기도 합니다. 문제는 이러한 영재교육 중단사례가 '교육과정에 문제가 있을 수도 있다'는 반성으로 이어지는 것이 아니라 개인 문제로 간주된다는 것입니다.[8] 그러나 이러한 증언은 탈락한 한두 명에 그치지 않습니다.

앞서 영재교육 수업 과제에 회의감을 느꼈다고 증언한 학생이 중학교 때 같이 영재수업을 받았던 학생 25명에게 문자메시지를 보내 20명이 회신했는데, 20명 모두 당시 했던 과제가 너무 부담스러웠고 시간을 상당히 많이 투자해야만 했다고 답하였습니다.[9] 그중 고등학교 진학 후에도 영재교육을 받고 있는 학생은 4명뿐이었고 나머지 16명 중 6명은 영재교육을 받을 당시 다른 아이들과 수준차로 자신감이 떨어졌다고 답변하였습니다. 많은 학생의 증언이 영재교육기관에서 제공하는 영재교육의 교육과정에 문제가 있고 개선할 여지가 있음을 시사합니다.

저는 이러한 문제에 대해 다음과 같은 개선책을 제안합니다.

① 3회 차마다 학생들에게 영재교육의 난이도나 만족도에 대해 간단히 익명 설문조사를 합니다. 분명 연도별로 학생의

수준차가 있을 수도 있고 가르치는 내용 자체가 어렵게 설정 되었을 가능성도 있기 때문에 초기부터 이러한 설문을 통해 수업의 난이도를 조절할 필요가 있습니다. 또한 익명으로 설 문을 진행하여 학생들이 솔직하게 답변할 수 있도록 하는 게 좋습니다.

② 영재를 가르치는 선생님 또는 교수님들이 영재 또한 배 움에 어려움이 있을 수 있음을 인지하도록 합니다. 영재 교사 의 경우 연수를 이수해야만 영재를 가르칠 수 있고 그 과정에 서 영재의 특성 등에 대해 접하기 때문에 아이들을 좀더 이해 할 수도 있습니다. 그러나 교수님들의 경우 평소 대학생을 대 상으로 수업하고, 영재아 특성의 이해에 대한 연수가 필수가 아니기 때문에 영재가 어려움을 겪는 것을 이해하지 못할 수 도 있습니다. 실제로 한 연구에서 한 학생은 아이들이 발표 준 비를 잘못하면 지도했던 교수님이 호통을 치기도 했다고 증언 했습니다.[10] 영재도 어려움을 겪을 수 있다는 것을 사전에 알 고 있어야 그들이 어려움을 겪을 때 이해하고 과제 수행을 도 와줄 수 있습니다.

③ 좀더 흥미를 유발하는 수업이 진행되기를 제안합니다. 아무리 뛰어난 영재라 하더라도 배우는 내용이 어렵고 대학교 수준의 결과 발표를 해야 한다고 하면 해당 분야의 흥미가 떨 어질 수밖에 없습니다. 해당 분야에 영재성이 있는 학생이 흥

미를 잃고 배움을 멀리하게 되는 것은 정말 안타까운 일입니다. 영재 학생이 영재교육을 통해 더 많은 것을 배울 뿐 아니라 흥미를 가져야만 꾸준히 학습하여 그 분야에서 탁월성을 발휘할 수 있습니다. 영재가 자기 수준에 맞는 교육을 받는 영재교육기관에서 더 잘 적응할 것이라는 우리 예상을 깨고 영재교육기관보다 일반 학급에서 더 잘 적응한다는 연구 결과도 있습니다.

초등학교 6학년 수학영재 20명을 대상으로 한 연구에 따르면 이들은 일반 학급에서 더 교우관계가 좋으며, 학교생활 적응도 일반 학급에서 더 수월하다고 응답하였습니다.[11] 특히 영재 학급보다 일반 학급에서 친구들끼리 더 잘 도와주고, 서로를 인정하고 수용하는 편이며, 자기표현이 더 잘 이루어진다고 답변하였습니다. 학교 적응의 경우 담임선생님, 친구, 학교 공부, 학교 규칙의 적응 하위항목 모두에서 연구 대상자의 일반 학급 평균이 영재 학급 평균보다 유의하게 높았습니다.

설문의 표본이 20명으로 적고 왜 이렇게 답변했는지에 대한 추가 인터뷰가 있지 않아 구체적인 이유를 알거나 일반화하기는 어렵지만, 다른 연구들에서 학생들이 증언한 부분을 토대로 할 때 자주 만나지 않는 친구들이 자신보다 더 잘한다고 느껴 가까워지기 어려웠거나 지나치게 경쟁적인 분위기였을 경우 적응이 어려웠을 수도 있습니다.

위의 연구 결과들은 영재교육기관에서 하는 영재교육만이 영재를 가르치는 유일한 해법은 아님을 암시합니다. 영재 선발 과정과 교육 커리큘럼 모두 좀더 나은 방향으로 개선함과 동시에 영재교육을 자발적으로 선택하지 않은 영재들을 일반 학급에서 어떻게 가르칠까에 대한 고민이 필요합니다.

4. 영재 = 스펙 - 영재교육의 수단화

앞서 제가 선발 여부와 상관없이 최대한 많은 학생과 학부모가 영재교육 기회를 알았으면 좋겠다고 한 이유는 영재교육 기회가 영재교육을 준비하는 학생들에게 집중되기 때문입니다. 이상적인 영재교육은 이렇습니다.

'학생들과 학부모 모두가 영재교육 기회를 잘 알고 있고 필요한 학생들만 영재교육에 지원합니다. 그외에 학업 성취가 조금 떨어지더라도 담임선생님이 판단할 때 창의성, 과제 집착력 등을 보이는 영재들을 추천합니다. 지원한 학생들 중 다수가 영재교육 대상자로 선정되며 탈락한 학생들은 결과를 있는 그대로 받아들입니다.'

현실은 이렇습니다.

'일부 학생들과 학부모들만 영재교육을 알고 있습니다. 그

학생들은 영재교육을 받기 위해 사교육 기관에서 예상문제로 나올 법한 창의성 문제 등을 유형별로 풀어봅니다. 아무리 영재교육 선발에서 시험이 창의성 평가 등으로 대체되었어도 창의성 평가를 위한 대비를 학원에서 합니다. 학원에서 풀어본 문제와 비슷한 창의성 문제를 풀고 영재교육 대상자로 합격하여 영재수업을 받습니다. 영재교육을 받으려는 이유는 대입을 위한 스펙을 쌓기 위해서입니다. 만약 영재교육 대상자로 선발되지 않을 경우 강하게 반발하며 이유를 알아내고자 합니다.'

이러한 내용은 영재교육 대상 학생과 학부모를 대상으로 한 연구의 결과로 확인됩니다. 영재교육을 받는 초등학교 4, 5, 6학년 학생 55명과 그 아이들의 부모 48명을 대상으로 사교육 실태와 만족도를 조사하였습니다.[12] 학부모 48명 중 2명을 제외한 46명96%이 자녀가 사교육을 받고 있다고 응답하였습니다.

하루 사교육을 받는 평균 시간은 2~3시간이 55%로 가장 많았으며 94%가 2시간 이상 사교육을 받는다고 하였습니다. 사교육비로 지출하는 비용은 51~100만 원이 54%로 가장 많았습니다. 응답자의 70%가 평소 받은 사교육이 영재교육 선발에 도움이 되었다고 응답하였으며, 44% 응답자는 영재교육 입시를 위한 사교육을 따로 받았다고 답했습니다. 영재교육 입시를 위한 사교육을 받았다고 응답한 학생 24명 중 1명을 제외한 학생 23명96%과 학부모 10명 중 8명80%이 영재교육 입시대비 사교육에 만족한다고 답변하였습니다.

요약하면, 영재교육 대상자로 선발된 학생들 대다수가 이미 사교육을 받고 있었으며, 그중 반 정도가 영재교육 입시만을 위한 사교육을 받았고 만족하는 것으로 답변했습니다. 만족하는 이유는 사교육 기관에서 배운 것이 실제 입시에 도움이 되었기 때문으로 추측합니다.

그렇다면 왜 이렇게까지 하면서 영재교육을 받으려고 할까요? '자녀의/나의 잠재력을 계발하고 수준에 맞는 교육을 제공하기/받기 위해'일 수도 있지만 다수는 영재교육을 수단화하여 향후 진학에 이용하기 위해 영재교육을 어떻게든 받으려고 합니다. 실제로 얼마나 도움이 되는지는 잘 모르겠지만, 이러한 내용도 한 연구의 학생들 증언으로 확인할 수 있습니다. 앞서 살핀 영재교육 중도 포기 학생에 대한 연구에서 두 고등학생은 자신의 적성이나 진로에 대한 진지한 고민 없이 입시에 도움이 될 것 같다는 생각으로 영재교육을 받았지만 진로를 변경하면서 그만두었습니다.[13] 그들의 증언은 다음과 같습니다.

> **학생 1:** "주변 친구들이 스펙이 되는 것이라면 뭐든지 하려고 해요. 저도 영재 학급에 다니면 스펙을 쌓을 수 있겠단 생각을 했어요."*(p. 27)*

학생 2: "영재원 수료 여부가 생기부생활기록부에 기록이 되기에 대학 입학 시 유리하게 작용한다는 말을 들었어요. 안 하는 것보단 도움이 될 거란 생각을 했죠." *(p. 27)*

학생뿐 아니라 영재학급 담당 선생님마저도 이에 대해 같은 이야기를 합니다.

"영재학급 학생들 대부분이 조금이라도 대학 입학 시 도움을 받고자 다니는 경우가 많거든요. 10에 9는 대학입시에 도움을 받을 수 있다는 생각으로 다니고 있어요." *(p. 42)*

입시에 도움이 되고자 영재교육을 받지만 영재교육을 받는 것이 입시에 도움이 되지 않는다는 판단이 들면 영재교육을 그만두는 사례도 빈번합니다. 앞서 소개한 영재학급 담당교사는 학생들이 수학영재교육을 그만두는 비율보다 지구과학영재교육을 그만두는 비율이 훨씬 높은데 그 이유는 학생들이 지구과학영재교육이 대입에 그리 도움이 된다고 생각하지 않기 때문이라고 설명합니다. 또한 한 학생은 통학에 시간이 너무 걸리고 영재교육 과제에 시간을 쏟다보니 학업에 집중하기 어려워 그만두기도 하였습니다.

이런 상황은 영재교육의 본래 목적인 '능력과 소질에 맞는 교육을 함으로써 개인의 타고난 잠재력을 계발하여 개인의 자아실현을 돕고 국가와 사회의 발전에 이바지하게 함'과 동떨어져 있습니다. 영재교육을 받게 하기 위해 학원을 보내는 부모, 대입 도움 여부에 따라 영재교육을 지원하고 그만두는 학생, 경쟁이 치열하여 영재교육을 받았다는 증거가 스펙이 되는 현실, 이 중 무엇이 잘못되었나요? 학생이 영재교육에서 배우는 것 자체를 즐기고 성장한다고 느끼는 교육이 되어야지 영재교육이 대학진학이나 대입을 위한 인맥 쌓기 수단이 되어서는 안 됩니다.

부디 영재교육은 '필요한' 학생에게 주어져야 한다는 인식이 확대되면 좋겠고, 이러한 경쟁적인 현실 속에서 영재교육 기회를 얻지 못하는 영재들이 영재교육기관 외에 학급에서도 충분히 재능을 계발할 수 있는 환경이 조성되기를 바랍니다.

CHAPTER. 02

빛나는 자신을 먼저 알아야 한다

1. 기꺼이 알아봐주기

이 이야기를 하기 위해 먼 길을 왔습니다. 제가 서두에 '어떤 학생이 영재인 것을 아는 것이 중요할까요?'라는 질문을 던졌습니다. 그리고 그 후 본문에서 우리가 아는 영재들은 뭐든 다 잘하고 어려움이 없는 완벽한 아이들인데, 실제로는 많은 영재가 여러 어려움을 겪고 있고, 주변을 실망시키지 않기 위해 숨기거나 적극적으로 도움을 요청하지 않는 모습을 보인다는 점을 지적하였습니다. 우리가 교실에 있는 영재들을 영재라고 아는 것은 중요합니다. 그래야만 우리가 영재의 어려움을 이해하고 그들이 자신의 재능을 소중히 하고 가꿔나갈 수 있습니다.

영재임을 안다는 것은 재능이 있는 아이에게 '너는 영재야'라고 말하거나, 재능이 있는 모든 아이가 영재교육기관에서 교육을 받을 수 있게 만드는 것을 의미하지 않습니다. 3장 3. 2) '영재라는 이름의 딜레마'에서 제가 언급했듯 '영재'라는 타이틀이 아이들로 하여금 부담을 느끼고 스트레스를 받게 하는 요인이 될 수도 있습니다. 또 계속해서 말씀드리지만 영재교육기관이 수용할 수 있는 학생수가 한정되어 있어서 모든 아이에게 기회가 갈 수 없는 것이 현실입니다. 영재임을 안다는 것은 아이에게 어떤 재능이 있는지, 그 재능을 아이가 얼마나 소중히 하는지계속해서 파고드는 과제집착력 등, 재능과 함께 따라오는 어려움이 무엇인지완벽주의, 예민함 등 등을 잘 알고 있는 것을 의미합니다.

아이들은 부모님이나 선생님이 자신의 재능을 보아주는지를 잘 파악합니다. 자신이 생각할 때 주변 어른들이 자신의 재능을 인정하고 격려해주면 계속해서 그 재능의 계발에 몰두하며, 어려움이 이해될 때 숨김없이 공유하고 도움을 받습니다. 반면 인정이나 이해를 받지 못한다고 느끼면 자신이 좋아하기 때문에 하는 재능 계발이 썩 마음에 들지 않고, 자신감이 없으며, 마음의 문을 닫고 어려움에 대해 함구합니다. 더 슬픈 것은 영재들 중 자신이 어려움을 겪고 있다는 것조차 모르는 경우도 있다는 것입니다. 그 이유는 무의식중에 '어려움을 겪는 것을 인정하는 것 자체가 약한 모습을 보이는 것이다'라는 방어기제가 작동하기 때문으로 추측합니다.

또한 교실에서 선생님이 어떤 학생이 영재인지를 알아야 영재교육에 추천할 수 있습니다. 영재 중에는 주의가 산만한 ADHD 영재가 있다는 것을 교사가 모르는 경우 수영 금메달리스트 펠프스의 선생님처럼 학생의 재능을 보지 못할 뿐 아니라 문제행동으로 폄하할 수도 있습니다. 수학적 직관으로 문제를 빠르게 푸는 아이에게 '중간식을 다 빠뜨렸다'며 잘난 척하는 아이로 여길 경우 교사가 해당 학생을 영재추천에서 배제할 가능성도 있습니다.

현행 영재교육 선발에서 교사 추천의 역할이 매우 중요합니다. 영재교육기관은 아동이 교실에서 어떻게 행동하는지 관찰할 수 없으므로 교사가 묘사하는 아이의 모습으로 판단할 수밖에 없습니다. 교사는 영재 아동의 미성취, 문제행동, 장애 등에 숨겨진 영재성을 발견하여 영재가 자신의 단점보다 장점에 집중할 수 있게 도와주는 것이 중요합니다.

'영재교육 대상자로 선발되는 학생이 적어 탈락하는 학생이 많은데 굳이 영재교육을 추천해야 하나?' '추천했다 안 되면 학부모 민원은 어떻게 해야 하나' 등의 고민을 하는 선생님들이 많을 것 같습니다. 영재교육 대상자로 선발되느냐 되지 않느냐가 중요한 것이 아닙니다. 영재교육을 권유하고 추천하는 과정에서 학생과 학부모는 '선생님이 우리 아이의 재능을 알고 있다'는 것을 깨닫게 됩니다. 교사가 영재교육을 추천하는 것 자체만으로도 아이가 선생님으로부터 가능성을 인정받았다고 생각하며, 이것이 이후 동력이 되어 해당 분야를 열심히 할 수도 있습니다.

교사와 학생 모두 영재교육 지원 시기를 놓쳤거나 학생이 영재교육을 지원했다가 탈락했을 경우, 또는 학생과 학부모 모두 아이의 영재교육을 원치 않는 경우 등에도 교사가 학생의 영재성을 인지하는 것은 매우 중요합니다. 영재들은 또래와 능력차로 수업시간에 어려움을 겪는 경우가 많습니다. 뛰어난 상상력으로 자꾸 집중하기 어렵고 딴생각을 하거나, 수업 내용이 너무 쉬워서 지루해할 수도 있으며, 반대로 자신이 부족한 과목은 아예 내려놓고 관심을 갖지 않는 경우도 있습니다.

이러한 어려움은 토로해봤자 주변 어른들에게 '공부하기 싫은 평계'로 들리기 때문에 이들은 이러한 것들에 대해 이야기하기보다는 그냥 '어쩔 수 없는 것'으로 받아들이고 지냅니다. 그러나 억눌린 감정은 어떤 식으로든 표출되기 마련이라 수업시간에 대놓고 다른 짓을 한다든지 반항하는 태도를 보이는 식으로 나타나기도 합니다. 이때 교사가 영재 학생의 영재성에서 따라오는 심리적 취약성, 문제점 등을 오해 없이 이해하고 적절히 대처하는 것이 중요합니다.

문제행동은 단호히 지적하되 대화를 통해 '어떤 이유'로 그러한 행동들을 하는지를 이해해야 하며, '네가 할 줄 아는 게 뭐냐' 등 사기를 꺾는 말은 예민한 영재에게 큰 상처가 되어 이후 재능 계발을 완전히 포기해버릴 수도 있습니다. 또한 교사가 학생의 영재성을 알 때만 어려움을 숨기는 영재들의 작은 행동을 찾아 그들을 도울 수 있습니다. 성적이 우수한 학생이 한 번 정도 아쉬운 성적을 받고 한숨을 쉴 때 '늘 잘하던 녀석이 이게 뭐냐'라고 말하는 것과 '괜찮아, 그럴 수도 있어. 그런데 혹시 무슨 일 있니?'라고 말하는 것은 아이에게 대단히 큰 차이로 느껴집니다.

가정에서도 마찬가지입니다. 영재성에서 비롯하는 특성을 잘 모르거나 이해가 부족할 경우 자녀의 행동을 오해하고 핀잔을 줄 수 있습니다. 다음 예시는 영재성에서 올 수 있는 특성과 부모의 잘못된 반응을 보여줍니다.

자녀의 영재성에서 올 수 있는 특성	행동의 이유	부모의 잘못된 반응
잘하고 좋아하는 일만 하려고 함	실패를 두려워하는 완벽주의	"너는 네가 잘하는 것만 하려고 하냐. 다른 것도 이것저것 해봐야지."
잠재능력에 비해 학업 성취가 떨어짐	미성취(가정 외 여러 가지 불안한 환경으로 집중하지 못할 때도 많음)	"너는 머리는 좋은데 이것밖에 못해?"

자녀의 영재성에서 올 수 있는 특성	행동의 이유	부모의 잘못된 반응
몰입하던 일을 좀처럼 그만두지 않음	과제집착력, 끈기	"저거 고집 센 거 봐. 아 까부터 그만하라고 했 는데."
여러 가지 오감 자극에 예민함	감각적 민감성(과흥분성)	"넌 너무 예민해. 사람 들이 다 너한테 맞춰줄 수 없어. 네가 좀 참아."
자신이 잘하는 걸 숨김	또래 및 주변과 관계를 신경 씀, 조금이라도 부 족한 것을 보이고 싶지 않은 완벽주의	자녀 의사와 상관없이 주변에 자녀에 대해 크 게 자랑하고 다님
해야 할 일을 자꾸 미룸	잘하지 못함을 두려워 하거나 잘하지 못할 것 이 예견된 경우를 피하 는 완벽주의	"네가 제때 뭘 하는 걸 본 적이 없다."
혼자서 사색하거나 독 서하는 것을 즐김	감각적 과민함으로 조 용하고 집중할 수 있는 환경 선호	"방에만 있으면 뭐 하 냐. 나가서 친구도 만나 고 좀 놀아라. 네 또래 답게."
주의가 산만하고 집중 을 잘 못함	주변 자극에 쉽게 영향 을 받음, 관심사가 다양 함, 배우는 내용이(쉽거 나 너무 어려워서) 지루함	"네가 그러니까 공부가 안 되지. 책상부터 치우 고 얘기해."
관심 분야가 다양하고 자주 바뀜	높은 창의성, 상상적 과 흥분성(생생하게 상상함, 공상을 좋아함)	"너는 공부에는 도움도 안 되는 쓸데없는 일에 시간을 낭비하냐."

위의 예시에서 부모님이 하는 말의 사실관계가 틀렸다는 것은 아닙니다. 중요한 것은 말의 내용이 옳고 그르냐가 아닙니다. 부모가 영재자녀가 왜 그런 행동을 하는지 '이해'하지 않

고 평가하듯 이야기하거나 폄하할 경우 영재들이 위축되며, 부모님에게 마음을 닫고 어려움을 공유하지 않게 될 가능성이 있습니다. '무슨 ○○자녀 이름이가 영재야'라고 생각하기 전에 혹시 자녀가 위에 제가 제시한 행동 특성을 나타낼 경우 '아이가 이래서 그랬구나' '학교에서도 어려움이 많겠구나'라고 이해하고 시각을 달리하면 좋겠습니다.

자녀의 영재성에서 올 수 있는 특성	부모가 하면 바람직한 말 또는 행동
잘하고 좋아하는 일만 하려고 함	자신 없어 하는 일을 꼭 해야만 하는 경우 아주 쉬운 일부터 시작해서 자신감을 가질 수 있도록 함. 잘하는 일의 기준에 맞추어 '아니 너는 ○○는 잘하면서'라는 식으로 평가하지 않도록 함
잠재능력에 비해 학업 성취가 떨어짐	아이의 성취를 탓하기 전에 가정이 자녀가 편안하게 집중할 수 있는 환경인지 재고해봄(아이 앞에서 싸우지 않기, 자녀끼리 비교하지 않기)
몰입하던 일을 좀처럼 그만두지 않음	일을 끝내야만 할 경우 "네가 계속하고 싶은 마음은 이해하지만 우리가 ○○를 해야 하기 때문에 30분 내로 끝내줬으면 좋겠어"라고 하며 이해와 동시에 끝내야만 하는 이유를 설명. 끝내야 하는 시간을 늦춤으로써 아이가 스스로 정리할 수 있는 시간을 갖게 함
여러 가지 오감 자극에 예민함	아이가 특히 예민해하는 부분을 배려해주며(특정 소리, 시각자극 등) 피할 수 없는 경우 어쩔 수 없는 상황을 아이에게 설명
자신이 잘하는 걸 숨김	아이가 관계를 신경 쓰거나 평가를 두려워한다는 것을 이해함. 주변에 이야기할 때 '엄마(아빠)는 네가 잘했다고 생각해서 그러는데 ○○에게 이야기해도 될까?'라고 자녀의 의사를 물음

자녀의 영재성에서 올 수 있는 특성	부모가 하면 바람직한 말 또는 행동
해야 할 일을 자꾸 미룸	잘하고 싶어 하는 완벽주의 때문임을 이해. 기한 안에 잘 끝내는 경우 아이의 방식을 존중(협업 제외). 해야 하는 일을 잘게 쪼개 꾸준히 조금씩 하도록 도와줌
혼자서 사색하거나 독서하는 것을 즐김	아이가 외부 자극에 피로를 느낌을 이해하고 조용한 것을 선호하는 것을 하나의 특성으로 이해해줌
주의가 산만하고 집중을 잘 못함	왜 산만해지는지 이유를 파악하고(ADHD···다소 선천적 이유, 일이 쉬워서/어려워서, 불안해서 등), 해당 이유에 맞게 대처전문가의 도움(쉬워서···좀더 흥미를 불러일으키는 일 하기, 어려워서···난이도를 조절하여 하기, 불안한 가정환경 개선하기 등)
관심 분야가 다양하고 자주 바뀜	다양한 관심 분야에 부모가 같이 관심을 가지며 호응함. 이렇게 할 때 아이가 부모님이 자신에게 관심을 가지고 이해해준다고 느끼고 신뢰함

부모가 자녀의 영재성에서 오는 특징을 잘 알 경우 자녀의 어려움을 이해하고, 숨겨진 영재성을 찾아내 북돋아줄 수 있습니다.

이처럼 영재 주변에서 영재가 영재임을 알고 그에 따라 함께 오는 여러 특성을 이해해주면 영재들은 자신의 재능을 소중히 하며 꾸준히 키워나갑니다. 주변으로부터 양분을 받아 재능 있는 모든 아이가 무럭무럭 커나갈 수 있기를….

2. 가장 경제적이고 효과적인 영재교육

1) 가정의 역할

앞서 영화 〈굿 윌 헌팅〉의 두 교수에 대해 소개했습니다. 윌의 뛰어난 수학적 재능을 먼저 발견한 수학과 램보 교수와 윌의 가정배경과 불안한 정서를 이해하는 심리학과 맥과이어 교수는 윌의 교육방식을 두고 설전을 벌입니다. 램보 교수는 수학계의 노벨상이라 불리는 '필즈상Fields Medal'을 받은 자신보다도 수학적 통찰력이 뛰어난 윌이 재능을 낭비하는 것을 괴로워하며 그를 통해 대리만족을 느끼고자 합니다. 그래서 램보 교수는 맥과이어 교수가 하루빨리 윌을 설득해 수학에 전념할 수 있게 만들기를 원하지요. 그러나 맥과이어 교수는 그보다도 윌이 원하는 것을 찾고 그것을 추구하도록 하는 것이 중요하다고 주장합니다.

> **램보 교수:** 우리가 이 아이에게 방향을 제시해서 세계에 공헌하게
> 할 수 있어. 우리가 도울 수 있다고.
> **맥과이어 교수:** 방향을 안내하는 것과 우리가 원하는 대로 조종하
> 는 것은 달라.

자녀의 재능을 일찍 발견한 부모의 경우 자녀에게 충분한

관심과 적절한 교육을 제공함으로써 영재가 꾸준히 성장하여 해당 분야에서 탁월성을 나타낼 수 있습니다. 그러나 앞서 소개한 영화 〈4등〉의 사례를 다시 생각해보면, 부모가 자녀의 재능 발현과 자신의 성공을 동일시하여 아이에게 무리한 성과를 요구하고 자녀의 정서적 안정은 무시한 채 '너를 위해 하는 것이다'라고 합리화하는 경우도 있습니다. 조금 시간이 걸릴지라도 여러 방향을 제시하면서 자녀가 직접 선택하고 만족할 수 있도록 해주기를 당부합니다.

이와 관련해서 부모님이 일관적인 양육태도를 보여주는 것도 중요하다는 말을 덧붙이고 싶습니다. 예를 들어 부모 중 한쪽은 자녀의 재능계발에 열심이고, 다른 한쪽은 전혀 관심이 없다면, 아이는 자신에게 과도한 부담을 주는 부모, 무관심한 부모 모두에 실망하며 혼란스러워합니다. 림과 로우[14]는 미성취영재의 부모가 한쪽은 지나치게 허용하거나 다른 한쪽은 엄격하게 통제하는 식으로 비일관적인 양육태도를 보임을 지적합니다. 아이의 교육에 대해 부모님이 자주 대화하고 아이에게 일관적인 모습을 보여주면 좋겠습니다. 또한 자녀의 영재성과 함께 따라오는 완벽주의, 과민함, 고립감 등에 대해서도 주의 깊은 관심을 갖기를 부탁합니다. 이런 어려움들이 제때 다뤄지지 않는 경우 영재들이 성취하더라도 깊은 허무함과 절망을 느낄 가능성이 있습니다. 또한 영재 주변, 특히 가정에서는 영재가 보여주는 밝은 면촣은 성적, 주변과 우호적 관계만 보려 하지 말고, 영재성에는 양날의 검처럼 반드시 어려운 점이 따라온다는 점을 꼭 염두에 두면 좋겠습니다. 영재의 영재성을 키우는 것만큼이나 중요한 점은 부모, 교사, 영재 스스로가 이러한 어려움을 인지하고 이해하며, 무시하거나 부정하기보다는 받아들이는 것입니다. 이러한 특성은 피할 수 없으며 앞서 살펴봤듯 예민함은 작은 것의 차이를 읽어내는 영재성과 연관되어 있기 때문에 꼭 나쁜 것은 아닙니다. 부모님이 영재 자녀의 어려움을 이해하고, 이들이 그것을 잘 조절할 수 있도록 도와주기를 부탁드립니다.

2) 우리의 역할

저는 제 글이 우리가 갖고 있던 영재에 대한 오해를 조금이나마 해소하는 데 도움이 되었기를 바라며, 많은 사람이 스스로와 재능 있는 주변 사람들에게 지나치게 높은 잣대로 재능을 판단하지 않으면 좋겠습니다. 특히 영재의 정서적 취약함에 대해서 "거봐, 영재라고 해봤자 뭐, 고흐나 차이콥스키같이 우울하고 그런 거 아냐? 그러느니 그냥 평범하게 사는 게 낫지"라는 판단을 하는 사람이 없으면 좋겠습니다. 정서적 취약함이 있어도 그것을 장점으로 받아들이며 행복하게 지내는 영재도 많습니다. '영재가 되어봤자 불행해진다그러니 영재가 되려고 노력할 필요가 없다'는 생각보다는, '영재들은 정서적으로 예민한 경향이 있지만 그 민감성 덕분에 영재성을 발휘할 수 있는 거야영재성의 발휘가 안정감과 행복감을 줄 수 있으니 영재성을 잘 가꾸는 게 좋겠어'로 인식되면 좋겠습니다.

또한 영재성을 바라보는 관점이 과거에 비해 확대된 점은 긍정적이나 여전히 시험 성적, 대회 수상 여부 등에만 초점을 맞추는 것은 이제 자제했으면 좋겠습니다. 어느 사회에든 평가가 존재하고 평가는 자신의 위치와 부족한 부분을 확인하여 더 나은 발전을 위해 필요하다는 점은 저도 동의하지만, 이것이 한 사람을 설명하는 모든 것이 되어 한 번 잘 받지 못한 평가가 꼬리표처럼 따라 붙어 다음번에 만회할 수 없는 식이 되면 사람들은 '절대 실수하면 안 된다' '무조건 잘해야 한다'고 생각할 수밖에 없게 됩니다.

다른 사람을 성적, 직업, 직함 등으로만 판단하며 '사회구조가 그렇게 되어 있어서 그러는 걸 난들 어떻게 하나'라고 항변할 수도 있겠지만, 앞서 우리는 '사회적으로 부과된 완벽주의'는 오히려 영재와 우리의 성취와 정신건강에 부정적 영향을 미친다는 것을 확인하였습니다. "다 너 잘되라고 직언해주는 거야. 좋은 성적 안 받으면 인생 별 볼일 없어진다"라는 말은 틀렸을뿐더러 그 누구에게도 도움이 되지 않습니다. 부디 우리의 재능과 영재성에 대해 이야기할 때 성적이 높은 학생이 영재교육 대상자로 선발되었다 할지라도 그렇지 못한 학생들은 '절대 영재가 아닌 학생'으로 여기지 않았으면 좋겠고, 꼭 사회에서 인정받는 성취를 하지 않은 사람이라 하더라도 '뛰어난 구석이라고는 전혀 없는 사람'으로 생각하지 않았으면 합니다.

애플의 전 CEO 스티브 잡스는 스탠퍼드 대학교 연설에서 대학을 그만두기 전 청강했던 캘리그래퍼 과목이 이후 애플 컴퓨터만의 독특한 폰트를 개발하는 데 도움이 되었다고 언급했습니다. 여러분은 모두 독서, 음악 듣기, 그림그리기, 운동, 사물 오래 관찰하기, 사진 찍기 등 자신이 현재 하는 일, 또는 하고자 하는 일과 직접 관련이 없지만 관심을 갖고 열정적으로 하는 일이 하나쯤 있을 것입니다. 그러나 가끔은 주변으로부터 '쓸데없는 일'로 핀잔을 듣거나 스스로도 '시간 낭비를 하고 있나' 하는 생각을 하기도 하죠.

저는 글을 마치기 전 마지막으로, 여러분이 관심을 갖고 능력을 발휘하는 모든 분야에 계속해서 애정을 가지고 매진하기를 당부합니다. 그렇게 하는 것이 눈에 보이는 경제적·직업적 효용은 없을지 모릅니다. 스티브 잡스는 연설에서 자신이 당시에 무엇을 의도하여 하지는 않았지만 이후 돌아보니 자신이 한 일들이 전부 연결되었다고 말합니다. 여러분이 하는 일이 마음에 안정감을 가져다주거나 자신감을 북돋우든 어떤 식으로든 쓰임이 있음을 믿고 사실은 쓰임이 없어도 괜찮습니다, 분야와 상관없이 꾸준히 성장하기를 간절히 바랍니다.

· 참고 서적 및 논문 ·

(저자명, 발표 연도, 제목, 발행처, 노출면 순으로 정리)

프롤로그

1. National Association for Gifted Children, NAGC, (2011).

PART. 1 영재와 영재성에 대해

1. **16.** 전미란, 허무열. (2014). 일반교사들의 영재교육에 대한 인식변화와 전문성 신장. 영재교육연구, 24 (5), 781-806.

2. Borland, J. H. (2009). Myth 2: The gifted constitute 3% to 5% of the population. Moreover, giftedness equals high IQ, which is a stable measure of aptitude. *Gifted Child Quarterly*, 53 (4), 236-238.

3. Renzulli, J. S. (2002). Emerging conceptions of giftedness: Building a bridge to the new century. *Exceptionality*, 10 (2), 67-75.

4. Silverman, L. K. (1997). The construct of asynchronous development. *Peabody Journal of Education*, 72 (3-4), 36-58.

5. 김승표. (2016). 교사 관찰 · 추천제를 통한 영재교육대상자 선발방법에 대한 학생 및 학부모와 교사의 인식 (석사학위논문). 건국대학교.

6. 고민석, 박병태. (2011). 영재관찰추천 과정에서 담임교사가 겪는 어려움 분석. 영재와 영재교육, 10 (2), 101-126.

7. Moon, S. M. (2009). Myth 15: High-ability students don't face problems and challenges. *Gifted Child Quarterly*, 53 (4), 274-276.

8. Gross, M. U. M. (2003). *Exceptionally Gifted Children* (2nd ed.). London: Rougtledge.

9. **14.** Bain, S. K., Bliss, S. L., Choate, S. M., & Brown, K. S. (2007). Serving children who are gifted: Perceptions of undergraduates planning to become teachers. *Journal for the Education of the Gifted*, 30 (4), 450-478.

10. Gagné, F. (2013). The DMGT: Changes within, beneath, and beyond. *Talent Development & Excellence*, 5 (1), 5-19.

11. 우희진. (2016). 성인영재와 일반인의 창의성, 과제집착력, 미성취감 및 행복도 비교: 국제 멘사 회원을 대상으로 한 조사연구 (석사학위논문). 아주대학교.

12. Reis, S. M., & McCoach, D. B. (2000). The underachievement of gifted students: What do we know and where do we go? *Gifted Child Quarterly*, 44 (3), 152-170.

13. Jackson, P. S., & Peterson, J. (2003). Depressive disorder in highly gifted adolescent. *The Journal of Secondary Gifted Education*, 14 (3), 175-186.

15. Troxclair, D. A. (2013). Preservice teacher attitudes toward giftedness. *Roeper Review*, 35 (1), 58-64.

17. Gross, M. U. M. (1999). Inequity in equity: The paradox of gifted education in Australia. *Australian Journal of Education*, 43 (1), 87-103.

18. O'Neill, M., Calder, A., & Allen, B. (2014). Tall poppies: Bullying behaviours faced by Australian high performance school-age athletes. *Journal of School Violence, 13* (2), 210-227.

19. 팽상민. (2013). 초등 영재아의 행복지수와 학교교육 만족감에 대한 연구 (석사학위논문). 경남대학교.

20. 여상인, 박상희. (2005). 초등과학 영재아동과 일반아동의 교우관계 비교. 영재교육 연구, 15(1), 45-59.

21. 박승철. (2005). 초등학교 과학 영재아동과 일반아동의 또래관계 및 자기효능감 비교 (석사학위논문). 창원대학교.

22. Harrison, G. E., & Van Haneghan, J. P. (2011). The gifted and the shadow of the night: Dabrowski's overexcitabilities and their correlation to insomnia, death anxiety, and fear of the unknown. *Journal for the Education of the Gifted*, 34 (4), 669-697.

23. 차영주. (2010). 영재학생과 일반학생의 교우관계와 다면적 인성 비교 (석사학위논문). 순천향대학교.

24. Card, D., & Giuliano, L. (2016). Can Tracking Raise the Test Scores of High-Ability Minority Students? *American Economic Review*, 106 (10), 2783-2816.

25. 하재영. (2011). 대구 · 경북지역 소외계층 과학영재의 정의적 특성 및 요구 분석 (석사학위논문). 경북대학교.

26. Borland, J. H., Schnur, R., & Wright, L. (2000). Economically Disadvantaged Students in a School for the Academically Gifted: A Postpositivist Inquiry into Individual and Family Adjustment. *Gifted Child Quarterly*, 44 (1), 13-32.

27. 이선영. (2014). 11장 사회적 배려대상 영재.《한눈에 보는 영재교육》. 서울: 학지사.

28. 29. Gilman, B. J., Lovecky, D. V., Kerney. K., Peters, D. B., Wasserman, J. K., Silverman, L. K., ⋯ Rimm, S. B. (2013). Critical issues in the identification of gifted students with co-existing disabilities: The twice-exceptional. *SAGE Open*, 1-16.

30. Pfeiffer, S. I., & Stocking, V. B. (2000). Vulnerabilities of academically gifted students. *Special Services in the Schools,* 16 (1-2), 83-93.

31. Flett, G. L., & Hewitt, P. L. (2013). Disguised distress in children and adolescents "Flying under the radar": Why psychological problems are underestimated and how schools must respond. *Canadian Journal of School Psychology*, 28 (1), 12-27.

32. Nicolas, S., Andrieu, B., Croizet, J., Sanitioso, R. B., Burman, J. T. (2013). Sick? Or slow? On the origins of intelligence as a psychological object, *Intelligence*, 41 (5), 699-711.

33. 38. Terman, L. M. (1916). The measurement of intelligence: An explanation of and a complete guide for the use of the Stanford revision and extension of the Binet-Simon Intelligence Scale. New York, NY: Houghton Mifflin.

34. Constant, J. (2014). Pioneers in child and adolescent psychiatry, Alfred Binet (1857-1911). *Neuropsychiatrie de l'enfance et de l'adolescence*, 62, 257-258.

35. Roid, G., & Barram, R. A. (2004). Essentials of Stanford-Binet intelligence scales (SB5) assessment. Hoboken, New Jersey, NY: John Wiley & Sons.

36. Fancher, R. E., & Rutherford, A. (2012). *Pioneers of psychology.* New York, NY: W. W. Norton & Company, Inc.

37. Boake, C. (2002). From the Binet-Simon to the Wechsler-Bellev-

ue: Tracing the history of intelligence testing. *Journal of Clinical and Experimental Neuropsychology*, 24 (3), 383-405.

39. 40. Hastorf, A. H. (1997). Lewis Terman's longitudinal study of the intellectually gifted: Early research, recent investigations and the future. *Gifted and Talented International*, 12 (1), 3-7.

41. 42. Warne, R. T. (2019). An evaluation (and vindication?) of Lewis Terman: What the father of gifted education can teach the 21st century. *Gifted Child Quarterly*, 63 (1), 3-21.

43. Terman, L. M. (1922). Were we born that way? *World's Work*, 44, 649-660.

44. Terman, L. M. (1911). The Binet-Simon scale for measuring intelligence: Impresses gained by its application upon four hundred non-selected children. *Psychological Clinic*, 5, 199-206.

45. 46. 47. Terman, L. M., & Oden, M. H. (1959). Genetic studies of genius: Vol. V. *The gifted group at mid-life. Stanford*, CA: Stanford University Press.

48. Sternberg, R. J. (1999). Rising tides and racing torpedoes: Triumphs and tribulations of the adult gifted as illustrated by the career of Joseph Renzulli. *Journal for the Education of the Gifted*, 23 (1), 67-74.

49. Renzulli, J. S. (1977). The enrichment triad model: A guide for developing defensible programs for the gifted and talented. *Mansfield Center*, CT: Creative Learning Press.

50. Renzulli, J. S. (1978). What makes giftedness? *Reexamining a definition, Phi Delta Kappan*, 60 (3), 180-184, 261.

51. 김춘경, 이수연, 이윤주, 정종진, 최웅용. (2016). 《상담학사전》. 서울: 학지사.

52. Gardner, H. (1983). *Frames of mind: The theory of multiple intelligences.* New York, NY: Basic Books.

53. Flynn, J. R. (1987). Massive IQ gains in 14 nations: What IQ tests really measure. *Psychological Bulletin*, 101, 171-191.

54. Nijenhuis, N. T., Cho, S. H., Murphy, R., & Lee, K. H. (2012). The Flynn effect in Korea: Large gains. *Personality and Individual Differences*, 53, 147-151.

1. **19. 143.** Reis, S. M., & McCoach, D. B. (2000). The underachievement of gifted students: What do we know and where do we go? *Gifted Child Quarterly,* 44 (3), 152-170.

2. Morrison, W. F., & Rizza, M. G. (2007). Creating a toolkit for identifying twice-exceptional students. *Journal for the Education of the Gifted,* 31 (1), 57-76.

3. Gilman, B. J., Lovecky, D. V., Kerney, K., Peters, D. B., Wasserman, J. K., Silverman, L. K., ⋯ Rimm, S. B. (2013). Critical issues in the identification of gifted students with co-existing disabilities: The twice-exceptional. SAGE Open, 1-16.

4. Webb, J. T., Amend, E. R., Webb, N. E., Goerrs, J., Beljan, P., & Olenchack, F. R. (2005). *Misdiagnosis and dual diagnosis of gifted children and adults.* Scottsdale, AZ: Great Potential Press.

5. Horowitz, S. H. (2007). Giftedness and LD: T3wice exceptional and still struggling. *Children's Voice,* 16 (6), 18-19.

6. Dowdall, C. B., & Colangelo, N. (1982). Underachieving gifted students: Review and implications. *Gifted Child Quarterly,* 26 (4), 179-184.

7. Clark, B. (1997). *Growing up gifted.* (5th ed.). Upper Saddle River, NJ: PrenticeHall.

8. Davis, G. A., & Rimm, S. B. (1998). *Education of the gifted and talented.* Boston: Allyn and Bacon.

9. 박소영. (2007). 복합판별 과정에 의한 미성취 영재 판별 및 사례연구 (석사학위논문). 계명대학교.

10. Seeley, K. R. (1988). High ability students at risk. *Technical report.* Denver: Colorado Department of Education.

11. Heller, K. A., Reimann, R., & Senfter, A. (2005). Hochbegabung im grundschulalter: erkennen und fördern [Giftedness in elementary school: Identification and development]. Munster, Germany: LIT.

12. **15.** 박소영. (2007). 복합판별 과정에 의한 미성취 영재 판별 및 사례연구 (석사학위논문). 계명대학교.

13. Rimm, S., & Lowe, B. (1988). Family environment of underachiev-

ing gifted students. *Gifted Child Quarterly*, 32 (4), 353-359.

14. 민세나. (2009). 음악영재와 미성취 음악영재 간의 음악적 · 정의적 · 환경적 특성 비교연구 (석사학위논문). 숙명여자대학교.

16. Geake, J. G., & Gross, M. U. M. (2008). Teachers' negative affect toward academically gifted students: An evolutionary psychological study. *Gifted Child Quarterly*, 52 (3), 217-231.

17. Hansen, J. B., & Toso, S. J. (2007). Gifted dropouts: Personality, family, social factors. *Gifted Child Today*, 30 (4), 31-41.

18. Reis, S. M. (1998). Underachievement for some–dropping out with dignity for others. *Communicator*, 29 (1), 1, 19-24.

20. Peterson, J. S. (2001). Successful adults who were once adolescent underachievers. *Gifted Child Quarterly*, 45 (4), 236-250.

21. Bainbridge, C. (30 Jun 2019). Dabrowski's Overexcitabilities in gifted children. *Very Well Family*. Retrieved from HYPERLINK "https//www.verywellfamily.com/"https://www.verywellfamily.com/; O'Connor, K. J. (2002). The application of Dabrowski's theory to the gifted. In M. Neihart, S. M. Reis, N. Robinson & S. Moon (Eds), *The social and emotional development of gifted children: What do we know?* (pp.51-60).

22. Ford, D. Y., Grantham, T. C., & Whiting, G. W. (2008). Culturally and linguistically diverse students in gifted education: Recruitment and retention issues. *Exceptional Children*, 74 (3), 289-306.

23. Ryan, M. (2013). The gift of giftedness? A closer look at how labeling influences social and academic self-concept in highly capable learners. *Masters thesis*, University of Washington, USA.

24. Gross, M. U. M. (1989). The pursuit of excellence or the search for intimacy? The forced-choice dilemma of gifted youth. *Roeper Review*, 11 (4), 189-194.

25. Erikson, E. (1968). *Identity, youth and crisis*. NY: Norton.

26. 32. Coleman, L. J., Micko, K. J., & Cross, T. L. (2015). Twenty-five years of research on the lived experience of being gifted in school: Capturing the students' voices. *Journal for the Education of the Gifted*, 38 (4), 358-376.

27. 홍세정. (2015). 평가염려 완벽주의와 부모의 학업성취압력이 영재학생의 정신건강에 미치는 영향: 영재학생과 일반학생의 비교를 중심으로 (석사학위논문). 이화여자대학교.

28. Berlin, J. (2009). It's all a matter of perspective: Student perceptions on the impact of being labeled gifted and talented. *Roeper Review*, 31, 217-223. & Coleman(26번 주와 동일).

29. Moulton, P., Moulton, M., Housewright, M., & Bailey, K. (1998). Gifted & talented: Exploring the positive and negative aspects of labeling, *Roeper Review*, 21 (2), 153-154.

30. 김미애. (2004). 초등학생의 부모자녀관계와 자기효능감 및 학업성적과의 관계 (석사학위논문). 인하대학교.

31. Matthews, M. S., Ritchotte J. A., & Jolly, J. L. (2014). What's wrong with giftedness? Parents' perceptions of the gifted label. *International Studies in Sociology of Education*, 24 (4), 372-393.

33. Burns, L. R., Dittmann, K., Nguyen, N-L., & Mitchelson, J. K. (2000). Academic procrastination, perfectionism, and control: Associations with vigilant and avoidant coping. *Journal of Social Behavior and Personality*, 15 (5), 35-46.

34. 39. Foster, J. F. (2007). Procrastination and perfectionism: Connections, understandings, and, control. *Gifted Education International*, 23 (3), 264-272.

35. Burns et al.(33번 주와 동일); Foster(34번 주와 동일); Rice al.(37번 주와 동일).

36. Neumeister, K. L. S. (2004). Understanding the relationship between perfectionism and achievement motivation in gifted college students. *Gifted Child Quarterly*, 48 (3), 219-231.

37. Rice, K. G., Richardson, C. M. E., & Clark, D. (2012). Perfectionism, procrastination, and psychological distress. *Journal of Counseling Psychology*, 59 (2), 288-302.

38. Sampson, J. P. & Chason, A. K. (2008). Helping gifted and talented adolescents and young adults: Make informed and careful career choices. In S. I. Pfeiffer (Ed.) *Handbook of giftedness in children* (pp. 327-346). New York, NY: Springer.

40. Chow, H. P. H. (2011). Procrastination among undergraduate students: Effects of emotional intelligence, school life, self-evalua-

tion, and self-efficacy. *Alberta Journal of Educational Research*, 57 (2), 234-240.

41. Chu, A. H. C., & Choi, J. N. (2005). Rethinking procrastination: Positive effects of "active" procrastination behavior on attitudes and performance. *The Journal of Social Psychology*, 145 (3), 245-264.

42. Hewitt, P. L., & Flett, G. L. (1991). Dimensions of perfectionism in unipolar depression. *Journal of Abnormal Psychology*, 100 (1), 98-101.

43. 한영숙. (2011). 완벽주의, 자기효능감, 실패공포가 학업지연행동에 미치는 영향. 청소년학연구, 18 (4), 277-299.

44. 이안나. (2012). 프로골프선수들의 완벽주의 성향이 자기관리행동과 인지된 경기력에 미치는 영향 (석사학위논문). 연세대학교.

45. Peterson, J. S. (2009). Myth 17: Gifted and talented individuals do not have unique social and emotional needs. *Gifted Child Quarterly*, 53 (4), 280-282.

46. Schuler, P. A. (2000). Perfectionism and gifted adolescents. The *Journal of Secondary Gifted Education*, 11 (4), 183-196.

47. Reyes, M. E. S., Layno, K. J. T., Castañeda, J. R.,E., Collantes, A. A., Sigua, M. A. D., & McCutcheon, L. E. (2015). Perfectionism and its relationship to the depressive feelings of gifted filipino adolescents. *North American Journal of Psychology*, 17 (2), 317-322.

48. 백고은. (2018). 음악영재의 완벽주의와 연주불안의 관계에서 지각된 사회적 지지의 조절 효과 (석사학위논문). 서울대학교.

49. 유지혜, 채수진, 장기홍 (2016). The relationship among self-efficacy, perfectionism and academic burnout in medical school students. *Korean journal of medical education*, 28 (1), 49-55.

50. 이동귀. (2016). 《너 이런 심리법칙 알아?》. 파주: 21세기북스.

51. 성장문답, 유튜브. (2015).

52. 53. Pfeiffer, S. I., & Stocking, V. B. (2000). Vulnerabilities of academically gifted students. *Special Services in the Schools*, 16 (1-2), 83-93.

54. 56. 58. Peterson, J. S., & Ray, K. E. (2006b). Bullying and the Gifted: Victims, Perpetrators, Prevalence, and Effects. *Gifted Child*

Quarterly, 50 (2), 148-168.

55. Perlus, J. G., Brooks-Russell, A., Wang, J., & Iannotti, R. J. (2014). Trends in bullying, physical fighting, and weapon carrying among 6th-through 10th-grade students from 1998 to 2010: Findings from a national study. *American Journal of Public Health*, 104 (6), 1100-6.

57. 59. 60. Peterson, J. S., & Ray, K. E. (2006a). Bullying Among the Gifted: The Subjective Experience. *Gifted Child Quarterly*, 50 (3), 252-269. (연도 뒤의 이니셜 a, b는 한 해에 2개 이상 논문을 발표했을 때 구분하기 위해 편의상 붙인다. 보통 a가 먼저 발표된 논문이다.)

61. 천유리. (2013). 영재아동과 일반아동의 또래관계성향 및 관계유지능력과 학교생활적응의 관계 (석사학위논문). 인천대학교.

62. 이지연. (2017). 초등수학영재와 일반학생의 교우기대감과 학교생활적응도 비교 (석사학위논문). 대구교육대학교.

63. 78. 곽상경. (2015). 완벽주의 성향을 가진 중학교 영재 학생의 생활에 대한 내러티브 연구 (박사학위논문). 백석대학교.

64. Hébert, T. P., & McBee, M. T. (2007). The impact of an undergraduate honors program on gifted university students. *Gifted Child Quarterly*, 51 (2), 136-151.

65. Masden, C. A., Leung, O. N., Shore, B. M., Schneider, B. H., & Udvari, S. J. (2015). Social-perspective coordination and gifted adolescents' friendship quality. *High Ability Studies*, 26 (1), 3-38.

66. 김선아. (2016). 일반계 고등학생의 초·중학교 영재교육 경험에 대한 질적 연구 (석사학위논문). 아주대학교.

67. 68. 김희경. (2015). 초등과학영재들의 외로움에 대한 내러티브 탐구 (석사학위논문). 청주교육대학교.

69. 72. 81. 82. 김경은, 이신동. (2016). ADHD 영재아동과 ADHD 아동의 인지·정서행동·양육특성 차이에 관한 혼합연구. 영재와 영재교육, 15 (3), 5-32.

70. 김경은, 이신동. (2014). ADHD인가? 영재인가?: 판별 오류 가능성. 특수아동연구, 16 (3), 119-137.

71. 박춘성. (2008). ADHD 영재의 특성, 진단과 교육적 중재에 대한 문헌연구. 아시아교육연구, 9 (2), 181-202.

73. Healey, D., & Rucklidge, J. J. (2006). An investigation into the re-

lationship among ADHD symptomatology, creativity, and neuro-psychological functioning in children. *Child Neuropsychology*, 12 (6), 421-438.

74. Fugate, C. M., Zentall, S. S., & Gentry, M. (2013). Creativity and working memory in gifted students with and without characteris-tics of Attention Deficit Hyper Disorder: Lifting the mask. *Gifted Child Quarterly*, 57 (4). 234-246.

75. 이수진. (2005). K-CBCL을 통한 성취 영재와 미성취 영재의 문제행동 비교 (석사학위논문). 건국대학교.

76. 김나영. (2017). 미성취 영재의 특성 사례연구 및 미성취 영재 판별 체크 리스트 개선 (석사학위논문). 인천대학교.

77. Pfeiffer, S. I., & Stocking, V. B. (2000). Vulnerabilities of academi-cally gifted students. *Special Services in the Schools,* 16 (1-2), 83-93.

79. Hartnett, D. N., Nelson, J. M., & Rinn, A. N. (2004). Gifted or ADHD? The possibilities of misdiagnosis. *Roeper Review*, 26 (2), 73-76.

80. Neihart, M. (2003). Gifted children with attention deficit hyperac-tivity disorder. LDOnline. Retrieved from http://www.ldonline. org/article/5631/

83. 맹현숙. (2005). ADHD 증후를 지닌 영재 아동의 학교생활 변화과정에 관한 사례 연구 (석사학위논문). 이화여자대학교.

84. 송수지. (2005). 미성취 영재의 특성 분석 및 개입전략 효과 (박사학위논문). 연세대학교.

85. Tedx Talks. (2017, October 18). Your child's most annoying trait may just reveal their greatest strengths | Josh Shipp | TEDxMarin [video file]. Retrieved from https://youtu.be/mU5WO93Kw4E

86. Dowd, K. E. (2017, April 28). Michael Phelps opens up about ADHD struggles: A teacher told me 'I'd never amount to any-thing.' People. Retrieved from https://people.com/sports/

87. Dutton, J. (2018, October 3). How swimming saved Michael Phelps: An ADHD story. Attitude, Inside the ADHD Mind. Retrieved from https://www.additudemag.com/

88. Renzulli, J. S. (2002). Emerging conceptions of giftedness: Build-

ing a bridge to the new century. *Exceptionality: A Special Education Journal*, 10 (2), 67-75.

89. 우민향. (2013). 초등과학영재학생과 일반학생의 학습몰입과 행복감의 비교 분석 (석사학위논문). 서울교육대학교.

90. 김재권. (2005). 영재아의 창의적 성격 특성과 과제 집착력 분석 (석사학위논문). 충남대학교.

91. Bainbridge, C. (30 Jun. 2019). Dabrowski's Overexcitabilities in gifted children. Very Well Family. Retrieved from https://www.verywellfamily.com/

92. 조한익. (2013) 고등학생의 학업낙관성, 학업스트레스, 학습몰입 및 학업성취도의 구조적 관계. 교육심리연구, 27 (4), 783-803.

93. 우민향. (2013). 초등과학영재학생과 일반학생의 학습몰입과 행복감의 비교 분석 (석사학위논문). 서울교육대학교.

94. 우희진. (2016). 성인영재와 일반인의 창의성, 과제집착력, 미성취감 및 행복도 비교: 국제 멘사 회원을 대상으로 한 조사연구 (석사학위논문). 아주대학교.

95. 96. Duckworth, A. L., Peterson, C., Matthews, M. D., & Kelly, D. R. (2007). Grit: perseverance and passion for long-term goals. *Journal of Personality and Social Psychology*, 92 (6), 1087-1101.

97. Duckworth, A. L. (2016).《그릿》(Grit: The power of passion and perseverance-김미정 옮김). 서울: 비즈니스북스.

98. 윤상천, 최선영. (2017). 초등 과학영재와 일반 학생의 그릿과 학업적 실패내성 및 심리적 안녕감의 비교. 초등과학교육, 36 (4), 439-446.

99. 신민, 안도희. (2015). 영재와 평재 고등학생들의 성공에 대한 인식, Grit, 열망 및 성취목적 비교. 영재교육연구, 25 (4), 607-628.

100. 문공주, 함은혜. (2016). 고등학생의 투지, 흥미, 과제집착력, 자기조절 능력 및 과학학업성취의 관계 분석. 한국과학교육학회지, 36 (3), 445-455.

101. US Open Tennis Championships (2011, September 10). 2011 US Open Press Conferences: Novak Djokovic (Semifinals) [video file]. Retrieved from https://youtu.be/nAKkTwRgXqk

102. Runco, M. A., & Jaeger, G. J. (2012). The standard definition of creativity. *Creativity Research Journal*, 24 (1), 92-96.

103. Koestler, A. (1964). *The act of creation*. London: Hutchinson.

104. Kampylis, P. G., & Valtanen, J. (2010). Redefining creativity-Analyzing definitions, collocations, and consequences. *The Journal of Creative Behavior*, 44 (3), 191-214.

105. 이은주. (2010). 영재아동과 일반아동의 창의성과 유머감각 및 유머스타일 비교 (석사학위논문). 인천대학교.

106. 동경진. (2012). 스포츠영재의 창의적 특성 비교: 스포츠영재와 일반학생 간의 비교 (석사학위논문); 공주대학교. 신지은, 한기순, 정현철, 박병건, 최승언. (2002). 과학영재 학생과 일반학생은 창의성에서 어떻게 다른가?: 서울대학교 과학영재교육센터 학생들을 중심으로. 한국과학교육연구, 22 (1), 158-175.

107. Mullet, D. R., Willerson, A., Lamb, K. N., & Kettler, T. (2016). Examining teacher perceptions of creativity: A systematic review of the literature. *Thinking Skills and Creativity*, 21, 9-30.

108. Westby, E. L., & Dawson, V. L. (1995). Creativity: Asset or burden in the classroom? *Creativity Research Journal*, 8, 1-10.

109. 이태희. (2015). 초등학교 영재아동이 인식하는 반창의성 편향: 개념도 접근 (석사학위논문). 인천대학교.

110. 112. Mullet, D. R., Willerson, A., Lamb, K. N., & Kettler, T. (2016). Examining teacher perceptions of creativity: A systematic review of the literature. *Thinking Skills and Creativity*, 21, 9-30.

111. Mullet, D. R., Willerson, A., Lamb, K. N., & Kettler, T. (2016). Examining teacher perceptions of creativity: A systematic review of the literature. *Thinking Skills and Creativity*, 21, 9-30.

113. Greengross, G., & Miller, G. (2011). Humor ability reveals intelligence, predicts mating success, and is higher in males. *Intelligence*, 39 (4), 188-192.

114. Bergen, D. (2009). Gifted children's humor preferences, sense of humor, and comprehension of riddles. *Humor: International Journal of Humor Research*, 22 (4), 419-436.

115. 강정란. (2014). 초등영재학생과 일반학생의 유머감각에 따른 셀프리더십 및 대인관계능력 (석사학위논문). 아주대학교; 이은주. (2010). 영재아동과 일반아동의 창의성과 유머감각 및 유머스타일 비교 (석사학위논문). 인천대학교.

116. 120. 박진형. (2013). 과학영재 학생의 리더십기술과 유머감각 및 유머스타일 연구 (석사학위논문). 경남대학교.

117. Shade, R. (1991). Verbal humor in gifted students and students in the general population: A comparison of spontaneous mirth and comprehension. *Journal for the Education of the Gifted*, 14 (2), 134-150.

118. Holt, D. G., & Willard-Holt, C. (1995). An exploration of the relationship between humor and giftedness in students. *Humor: International Journal of Humor Research*, 8 (3), 257-271.

119. 강정란. (2014). 초등영재학생과 일반학생의 유머감각에 따른 셀프리더십 및 대인관계능력 (석사학위논문). 아주대학교.

121. Martin, R. A., Puhlik-Doris, P., Larsen, G., Gray, J., & Weir, K. (2003). Individual differences in uses of humor and their relation to psychological well-being: Development of the Humor Styles Questionnaire. *Journal of Research in Personality*, 37 (1), 48-75.

122. 박진형(116번 주와 동일); 이은주(105번 주와 동일).

123. 124. 133. EBS documentary. (2014년 1월 6일). EBS 다큐프라임-Docuprime, 아이의 사생활 2부 도덕성 [video file]. Retrieved from https://youtu.be/NBXDaXO-TgM

125. 권주임. (2013). 아동의 도덕성 수준에 따른 학업성취도와 또래관계의 차이 (석사학위논문). 동아대학교.

126. 이철수. (2009).《사회복지학사전》. 서울: Bluefish.

127. 이현정. (2010). 초등과학영재와 일반아동의 도덕 판단력 발달 비교 (석사학위논문). 경인교육대학교.

128. 이병희. (2004). 한국판 초등용 DIT 개발 연구 (석사학위논문). 서울대학교.

129. 김은정(131번 주와 동일); 김지연(131번 주와 동일); 유미현 외(130번 주와 동일); 이현정(131번 주와 동일).

130. 유미현, 박은이, 홍훈기. (2008). 과학 영재와 일반 학생의 도덕판단력 비교 및 중·고등학교 과학 영재의 도덕판단력 발달 경향. 국제과학영재학회지, 2 (1), 1-11.

131. 김은정. (2016). 초등 영재학생과 일반 학생의 가상적 딜레마와 실생활 딜레마에서의 도덕판단력 및 도덕행동 연구 (석사학위논문). 전주교육대학교; 김지연. (2014). 초등 영재의 도덕판단능력과 나눔행동에 대한 의식 연구 (석사학위논문). 고려대학교; 이현정. (2010). 초등과학영재와 일반아동의 도덕 판단력 발달 비교 (석사학위논문). 경인교육대학교.

132. 134. 김은정. (2016). 초등 영재학생과 일반 학생의 가상적 딜레마와 실생활 딜레마에서의 도덕판단력 및 도덕행동 연구 (석사학위논문). 전주교육대학교.

135. 이지영. (2011). 중학생의 도덕행동에 영향을 미치는 인지적 · 정서적 변인 (석사학위논문). 한국교원대학교.

136. 정보출처: 다큐멘터리 Enron: The smartest guys in the room, 2005.

137. 정보출처: ABC News, 2019; 다큐멘터리 The inventor: Out for blood in Silicon Valley, 2019.

138. Salovey, P., & Mayer, J. D. (1990). Emotional intelligence. *Imagination, Cognition and Personality*, 9 (3), 185-211.

139. 141. 이점형. (2013). 정서지능, 학급풍토 및 사회적 지지가 교우관계 질에 미치는 영향 (박사학위논문). 경북대학교.

140. 이새롬. (2013). 초등영재학생과 일반학생의 정서지능과 리더십 관계 (석사학위논문). 고려대학교; 이영한. (2012). 중학교 과학영재학생과 일반학생의 리더십 특성과 정서지능의 비교 분석 (석사학위논문). 아주대학교; 이혜영. (2015). 중학교 1학년 과학영재와 일반학생의 다중지능과 정서지능 비교 (석사학위논문). 강원대학교.

142. 이새롬(140번 주와 동일); 이영한(140번 주와 동일).

144. Martin, L. T., Burns, R. M., & Schonlau, M. (2010). Mental disorders among gifted and non-gifted youth: A selected review of the epidemiologic literature. *Gifted Child Quarterly*, 54 (1), 31-41.

145. Parker, J. D. A., Creque, R. E., Sr., Barnhart, D. L., Harris, J. I., Majeski, S. A., Wood, L. M., ⋯ Hogan, M. J. (2004). Academic achievement in high school: Does emotional intelligence matter? *Personality and Individual Differences*, 37 (7), 1321-1330.

146. 류은영. (2011). 중학생이 지각한 부모양육태도와 정서지능이 또래관계에 미치는 영향 (석사학위논문). 경성대학교.

147. 최윤희. (2015). 부모의 정서지능과 양육태도가 영재 자녀의 정서지능에 미치는 영향 (석사학위논문). 아주대학교.

148. 문명. (2019). 중학생의 정서지능, 자기효능감, 회복탄력성과 행복감의 관계 (석사학위논문). 경남대학교.

149. 하옥순. (2014). 단계별 기하과제 해결에서 나타나는 수학영재 학생들의 추론과정 (석사학위논문). 경인교육대학교.

150. 김진영. (2010). 과학 문제 해결 과정에서 나타나는 영재 학생들의 과학

적 사고 과정 탐색 (박사학위논문). 이화여자대학교.

151. 강은주. (2008). 사고구술법을 이용한 중학생 수학영재의 사고 특성 분석 (석사학위논문). 건국대학교.

152. 뮤라벨. (2019, 6월 8일). 서울대음대생의 절대음감은 어느 정도일까? [video file]. Retrieved from https://youtu.be/o-uh24S1bLs

153. Grant, A. (2016). 《오리지널스》(Originals-홍지수 옮김). 서울: 한국경제신문.

154. 장석봉. (2009년 4월 23일). 인물세계사-레오나르도 다빈치. 네이버지식백과 네이버 캐스트. Retrieved from https://terms.naver.com/entry.nhn?docId=3567172&cid=59014&categoryId=59014

155. 김명숙. (2002). 공교육에서의 비판적 사고 교육의 방향과 쟁점. 철학연구, 58, 107-144..

156. 박지희. (2010). 영재학생과 일반학생의 학습유형 및 비판적 사고력 비교 (석사학위논문). 순천향대학교.

157. Johansson, E. (2012, November 5). Cut & Fold-Behind The Scenes [video file]. Retrieved from https://youtu.be/TiCLMePjK-Y

PART. 3 영재인 걸 아는 게 중요해?

1. 김한샘. (2016). 관찰·추천제를 통한 영재교육대상자 선발에 관한 영재교육 담당교원의 인식 (석사학위논문). 경인교육대학교.

2. Speirs Neumeister, K. L., Adams, C. M., Pierce, R. L., Cassady, J. C., & Dixon, F. A. (2007). Fourth-grade teachers' perceptions of giftedness: Implications for identifying and serving diverse gifted students. *Journal for the Education of the Gifted*, 30, 479-499.

3. 현선영. (2011). 영재교육대상자 선발과정에서의 탈락경험과 수학영재학생들의 수학적 태도 (석사학위논문). 건국대학교.

4. 이안나. (2015). 초등학교 현장에서 인식되는 반창의성 편향에 관한 탐색 (석사학위논문). 인천대학교.

5. 김경철. (2013). 고등학교 영재의 자발적 영재교육 중도포기요인에 대한 사례연구 (석사학위논문). 인천대학교; 김선아. (2016). 일반계 고등학생의 초·중학교 영재교육 경험에 대한 질적 연구 (석사학위논문). 아주대학교; 함진성. (2012). 교육지원청 부설 영재교육원에서 자발적 중도탈락자 요인에 관한 사례분석 연구 (석사학위논문). 고려대학교.

6. 8.   함진성(5번 주와 동일).

7. 9.   10. 13. 김경철(5번 주와 동일).

11. 이영철. (2009). 초등학교 수학 영재의 일반학급과 영재학급에서의 교우 관계와 학교생활 적응 비교 (석사학위논문). 건국대학교.

12. 전미나. (2010). 사교육 경험이 영재 판별 과정에 미치는 영향에 대한 초등학교 영재학생 및 학부모의 인식 (석사학위논문). 건국대학교.

14. Rimm, S., & Lowe, B. (1988). Family environments of underachieving gifted students. *Gifted Child Quarterly*, 32 (4), 353-359.

우리가 몰랐던
영재 이야기

초판 1쇄 인쇄일 2020년 02월 17일
초판 1쇄 발행일 2020년 02월 24일

지은이	우희진		
발행인	이승용		
주간	이미숙		
편집기획부	박지영 이혜인	**디자인팀**	황아영 한혜주
마케팅부	송영우 김소영	**홍보전략팀**	김예진 이상무
경영지원팀	이루다 이소윤		

발행처 |주|홍익출판사
출판등록번호 제1-568호
출판등록 1987년 12월 1일
주소 [04043]서울 마포구 양화로 78-20(서교동 395-163)
대표전화 02-323-0421 **팩스** 02-337-0569
메일 editor@hongikbooks.com
홈페이지 www.hongikbooks.com

제작처 갑우문화사

파본은 본사나 구입하신 서점에서 교환하여 드립니다.
이 책의 내용은 저작권법의 보호를 받는 저작물이므로 무단 전재와 무단 복제를 금합니다.

ISBN 978-89-7065-787-5 (13370)

이 도서의 국립중앙도서관 출판예정도서목록(CIP)은
서지정보유통지원시스템 홈페이지(http://seoji.nl.go.kr)와
국가자료공동목록시스템(http://www.nl.go.kr/kolisnet)에서 이용하실 수 있습니다.
(CIP제어번호: CIP2020003758)